¡ Para David
quien está a punto cryp..
de despegar en el mundo
Te deseo un largo vuelo
y un feliz
aterrizaje

25.12.2021

CRIPTOMONEDAS
para Principiantes

APRENDE LOS SECRETOS
PARA DOMINAR
Bitcoin · Criptodivisas · Trading
Mentalidad y Estrategias triunfadoras
Ingresos pasivos · Asegurar cuentas y wallet

Francis Flobert

EVOLUTPRESS

Con Amor
Alina ♡

CONTENIDO

"Cualquier tonto puede saber. El punto es entender".
Albert Einstein

Promesa

Comenzare haciéndoles una promesa.

Al final del libro voy a revelarles mi secreto para ser rentable a largo plazo al operar en los mercados de criptomonedas.

Pero sólo podrán entender su grandeza si primero, han leído las otras páginas en la secuencia en la que se las propongo. Cada capítulo es preparatorio al otro, saltar aquí y allá disminuiría la fuerza y el gran poder que hay en el libro.

Sólo les pido que hagamos juntos este viaje hasta el final. Luego podrán hacer todos los comentarios que quieran, los aceptaré con las manos y el corazón abiertos.

En el libro he hecho todo lo posible para evitar el lenguaje técnico y para hacer los contenidos fáciles y comprensibles a todos, incluso a quienes no conocen en absoluto los temas tratados.

...

Introducción

¿Con el trading pueden hacerse ricos?

Sí, ¡es cierto!

¿Con el trading se puede perder todo el capital invertido?

Sí, ¡es cierto!

Pero en el medio hay todo un mundo.

Un mundo de oportunidades y fracasos, de satisfacciones y arrepentimientos, de opciones justas y remordimientos, de alegría y miedo, de ansiedad y libertad, como en la vida.

Les doy malas noticias: **el trading no es para todos!**

Es una afirmación un poco triste, lo sé, pero si les dijera que cualquiera puede operar y ganar no diría la verdad. Me doy cuenta especialmente cuando hablo con gente que busca una pista para hacerse rico rápidamente. O cuando me dicen que son resistentes a la tecnología y ni siquiera quieren aprender a enviar un adjunto con un correo electrónico.

El trading requiere **formación** diluida en el tiempo, para amalgamar con **la experiencia** adquirida sobre el terreno. Pero sobre todo requiere una **actitud mental adecuada**.

Les doy una buena noticia: esas son todas las cosas que pueden adquirir con compromiso y disponibilidad para aprender.

Y ese es el **propósito** de este libro: hacer comprensibles todos los temas que se presenten en el mismo. De manera que puedan elegir libremente si entran en este mundo caótico y fantástico del mercado de las criptomonedas.

Si eres bueno, como resultado, sabrás ser beneficiosos en el tiempo.

...

Seguramente han oído hablar de bitcoin y de los enormes beneficios que alguien ha logrado en muy poco tiempo. Gente que en pocos años se ha convertido en multimillonaria desde cero con empresas nacidas en un garaje y que ahora gestionan miles de millones de dólares.

Tal vez un amigo les habló de esto, tal vez un compañero de trabajo les hizo ver un negocio en el que ganaba cien dólares, tal vez el mundo de las finanzas y el trading siempre les ha fascinado pero nunca han tenido la oportunidad de ver y entender cómo funciona.

Seguramente, ustedes que leen, podrían añadir sus "quizás" y la lista se extendería mucho, pero yo estoy aquí para responder a sus preguntas, incluso a las que aún no se han hecho, sobre el fantástico e inimitable mundo del trading.

Un mundo hecho de reglas: algunas escritas, otras no escritas.

La primera regla que deben conocer es esta:

Regla n. 1: "No todo lo que brilla es oro".

...

Derechos y notas legales

Todas las estrategias narradas en el libro son el resultado de años de estudio y experiencia y no está garantizado el logro de los resultados para los que se exponen. Usando la información presente en este libro el lector asume la plena responsabilidad de sus acciones, liberando al autor de cualquier responsabilidad, coste o gasto derivados de la aplicación directa o indirecta de los contenidos de este libro.

Ninguna información contenida en el libro constituye una oferta, una invitación, una recomendación a comprar, vender, poseer criptomonedas o productos financieros, ni solicitaciones a la colecta del público ahorro.

Las ideas, los contenidos y las opiniones expresadas en este libro no son consejos financieros, ni incitación a la inversión de capitales y cualquier otra forma de bienes, ni exhortaciones a ejecutar o utilizar instrumentos financieros particulares, tecnología, plataformas informáticas, intercambio o brókers. Todo ha sido escrito con puro propósito didáctico.

...

...

Soy un informático y un jugador de ajedrez.

Empecé siendo un niño haciendo mis propias computadoras, ensamblando todos los componentes usados que podía encontrar en cualquier lugar, incluso en el vertedero. Todavía recuerdo mi primera conexión en linea con un módem acústico, encontrado en los bancos de una tienda de segunda mano, aquel donde se conecta a la bocina del viejo teléfono de casa en una base con dos cavidades que la acoge. La señal analógica sonora, a través de los sonidos intercambiados entre micrófono y receptor, se convierte en impulsos eléctricos permitiendo la conexión y el diálogo con otros ordenadores.

Se llama "acoplador acústico". Quizás encuentres un ejemplar en el museo.

Se tardaba un cuarto de hora en conectarse, 20 minutos en enviar una carta de unas pocas líneas al ordenador receptor. Excepto que la conexión se caía y todo empezaba de nuevo. Para mí era el juego más hermoso del mundo porque, de joven explorador, había hecho una conquista.

Como sistema operativo, no pudiendo permitirme eso con las ventanas, utilizaba el Dos que era gratuito pero que tenía una interfaz textual y no gráfica como los actuales. El ratón no figuraba aun, así que para hacer cualquier cosa en el ordenador era necesario saber de memoria y escribir en la línea de comandos el código correcto con todos los parámetros. Si te equivocabas en respuesta aparecía en la pantalla negra del ordenador el mensaje: "error". Que no daba escape y que no ofrecía soluciones.

Con los años, el resto vino por sí solo, mi insaciable pasión se convirtió en mi satisfactoria profesión.

El ajedrez entró en mi vida incluso antes. Tenía siete años y llegaron en Navidad con un pariente lejano en un paquete envuelto con papel de regalo. A pesar de la gran familia en la casa nadie sabía jugar, pero un amigo mío de entonces jugaba con su padre y él me enseñó las primeras reglas estrictas que rigen el juego de ajedrez.

Entonces era demasiado joven para ser atraído por las niñas, así que después de la escuela, organizamos horas y horas de partidos y torneos de ajedrez, reuniéndonos a turnos en las casas de los jugadores del grupo que se ampliaba. Leí y aprendí todo lo que entonces estaba disponible en la biblioteca municipal de la que yo era el más joven de la tarjeta. Y todavía es una pasión que me cautiva y nunca me ha abandonado.

Años y años de partidos y de estudio de las **estrategias** de ataque y defensa me han forjado **inconscientemente** para comprender y dominar este fascinante mundo del trading de criptomenodas, un mundo joven y lleno de oportunidades, incansablemente cambiante, Siempre en movimiento, siempre despierto. Sí, porque es un mundo que nunca duerme, 24 horas al día, siete días a la semana, incluyendo fiestas.

Cuando los mercados occidentales se acuestan, los mercados asiáticos se despiertan y viceversa.

Es como estar en una discoteca con docenas de pistas de baile. Pueden sentarse en los bordes y mirar, pueden bailar con sus criptomonedas favoritas, pueden parar y salir cuando quieran pero saben que, de todos modos, los demás seguirán bailando y ganaran dinero así no estén.

Las técnicas se aprenden, pero la forma mental tienen que construirla ustedes mismos, y esa es la estructura que los sostiene. Si la pasión los empuja y les apasiona entonces están doblemente besados por la suerte, porque en vez de trabajar, se divertirán y la alegría que saldrá será el combustible para sus satisfacciones y sus ganancias.

...

CAPÍTULO 1
Comprender Bitcoin y Blockchain

Pero venimos a nosotros.

Quién puede responder a la pregunta: "¿Qué es Bitcoin?".

Tómense un minuto y prueben.

… … … … … …

¿Entonces?

Probablemente todo el mundo se referirá a algo que más le apareció: desde las sensacionalistas noticias en televisión, a los titulares de periódicos, a los comentarios en el bar y mientras están en fila para hacer compras, a los anuncios invasivos de las redes sociales que prometen hacerte rico con un clic en el ordenador, tumbado frente al mar mientras bebes un mojito…

Se oye hablar por ahí que Bitcoin es:

- una moneda virtual
- un sistema de pago
- una manera de enviar y recibir dinero
- un software informático
- el dinero con el cual comprar drogas
- una moneda cotizada que puede ser intercambiada en bolsa como las acciones
- una reserva de dinero
- oro digital
- un sistema para obtener beneficios
- un sistema para perder dinero
- una plataforma informática
- un sistema descentralizado

- una revolución para el sistema financiero
- la moneda del futuro
- etcétera, etcétera.

Sí, es verdad, en parte todo es verdad.

...

Para mí, explicar lo que es Bitcoin hoy es como tratar de explicar Internet en los años 90.

Un día me presenté a la cita con el responsable del centro de procesamiento de datos de una gran cadena de hoteles internacionales para presentar un sistema avanzado y revolucionario de reserva de habitaciones de hotel. Mi sistema permitía al potencial cliente del hotel ver la estructura hotelera en su ordenador, elegir la habitación y hacer la reserva.

Todo por sí solo.

¿Qué hay de extraño, dirán ustedes?

Oh sí, hoy es una norma, pero en ese entonces nadie la tenía.

Su Centro de Procesamiento de Datos no tenía conexión a Internet, así que saqué un módem portátil de 28kbp/s de la bolsa y conecté mi ordenador que había traído de casa. La conexión era inestable porque la red telefónica del hotel era muy vieja y se cayó varias veces. A pesar de todo, logré completar mi presentación en línea con un cierto éxito, simulando en mi hotel virtual en línea, construido para el propósito, toda la ruta que un cliente tendría que hacer para elegir su habitación. Después de cumplir mi misión, me gire hacia el responsable que, gafas gruesas y cabellos grises, desde detrás de sus lentes nunca había dejado de mirar la pantalla de mi ordenador. Se quedó en silencio durante un tiempo y me miró a los ojos y dijo:

"Según yo esta cosa de Internet nunca se va a poner en marcha".

"¿Por qué?" le pregunté.

"La gente común no lo entiende y nunca lo entenderá. Yo que soy un informático puedo comprender la genialidad de tu idea y hacer todos los pasos que has hecho con tu ordenador, pero la gente común..." dijo agitando con negación la cabeza.

"Además, ¿cuánta gente tiene un ordenador en su casa, conectado a Internet?" añadió contrariado.

"Eres un joven prometedor, y te aconsejo que hagas cosas más serias que este Internet. Por ejemplo, en una empresa subsidiaria, buscamos a un graduado con honores en ciencias de la computación como tú, que se convierte en el responsable del centro de procesamiento de datos. Es un trabajo estable y seguro, si quieres puedo conseguirte una reunión informativa" agregó con un tono paterno.

Yo desconecté mi módem, lo puse en mi bolso, cortésmente se lo agradecí y dije: "Ella tuvo su oportunidad de la vida, yo estoy buscando la mía y tengo una inmensa confianza que un día Internet evolucionará y cambiará este mundo tal como lo conocemos hoy. Y quiero ser parte de este cambio.".

Le estreché la mano y me fui.

¿Ven?

Todo el mundo ve solo lo que quiere ver.

Bitcoin, en mi opinión es como el Internet en los noventa.

Bitcoin no es sólo el conjunto de toda la lista escrita

arriba, sino que es mucho más y ahora te digo por qué.

1.1 El origen

Bitcoin emite sus primeros inicios en el día de Halloween de 2008 cuando un tipo llamado Satoshi Nakamoto, que se reveló un nombre de fantasía, publica un mensaje en una lista de correo criptográfico. El texto decía que había trabajado en un nuevo sistema de moneda electrónica completamente "peer-to-peer" que podía operar sin ninguna otra "tercera parte*" (*es decir, circuitos de tarjetas de crédito, bancos, Paypal, etc.). Seguía un enlace, todavía activo, donde se puede descargar un pdf: http://www.bitcoin.org/bitcoin.pdf

En nueve páginas de documento Satoshi afirmó que había encontrado la solución para un nuevo pago seguro por internet.

En el pdf se describe un nuevo protocolo que, usando una red peer-to-peer, un protocolo de prueba de trabajo y cifrado de clave pública, había resuelto todos los problemas a los que, otros como él, antes de él, no habían sabido encontrar solución, en un intento de crear la moneda de Internet. Un sistema abierto que permite a los que son capaces de participar activamente mediante su implementación, que **no** necesita protección contra los hackers gracias al sistema de distribución del registro contable descentralizado y compartido.

Desde hace muchos años, científicos e informáticos han estado probando para crear una moneda digital, pero sin éxito. Satoshi, en cambio, logró combinar los elementos de una manera que nadie había pensado.

Fue la alquimia que inventó Bitcoin.

Siguieron muchos intercambios de correos con programadores y criptográficos que reconocieron su genialidad. La grandeza de su proyecto no tenía igual y empezaron a colaborar con él.

1.2 El blockchain

Satoshi parecía venir del futuro y que lo había previsto todo.

Pero se equivocaba. Ni siquiera el intuyó que el "blockchain", el libro de contabilidad que inventó, que validó los bloques en los que se registra la transacción, inmutable e incansable, necesario para tener en cuenta los movimientos de las monedas bitcoin, será lo que cambiará el mundo.

Sí, porque con el concepto utilizado para validar transacciones bitcoin se podrá certificar y validar de todo: catastro inmobiliario, administración pública, archivo de datos, registro automovilístico, logística, votación electoral, derechos musicales, noticias certificadas, títulos de estudio, objetos de arte y joyas, botellas de vino de origen controlado, productos agroalimentarios, cybersecurity, sectores de seguros y bancarios, etcétera, etcétera, etcétera.

Blockchain es la **idea explosiva** contenida en la genial idea de Bitcoin.

La sorpresa dentro del huevo de Pascua.

El fruto del pecado.

Si Bitcoin cambia la forma de transferir dinero y todas las finanzas globales, Blockchain cambiará el mundo tal y como lo conocemos.

Tampoco Satoshi, concentrado como estaba para resolver el problema de crear la moneda de Internet, era consciente de cuáles y cuántos serían los desarrollos y las repercusiones en el tiempo con su blockchain.

Bitcoin y Blockchain son proyectos tan revolucionarios que llevan consigo la capacidad de subvertir los pilares en los que se basan desde hace siglos las reglas indiscutibles de las finanzas y de los poderes de la economía mundial.

Regla n. 2: "Blockchain revolucionará el mundo"

Las cosas ya están cambiando, dentro de unos años nada será como lo conocemos, como fue con la llegada de Internet.

...

Once meses después del primer inicio, en octubre de 2009, se publicó la primera tasa de cambio que fijaba el valor del bitcoin: cambiando 1 dólar se obtenían 1309 bitcoins.

En 2010 se realizó la primera transacción de bitcoin para bienes tangibles: se pagaron diez mil bitcoins por una pizza.

A finales de año, el precio se elevó a 50 centavos por 1 bitcoin y en el aire se empezó a respirar una agitación por la moneda.

Ese año estalló en los Estados Unidos el escándalo de **Wikileacks**. En Assange, debido a sus revelaciones, fueron bloqueadas todas las donaciones: Mastercard, Visa, Paypal, Western Unión, tuvieron que negarse a acogerlas. Al mismo tiempo, en un artículo en PC World se sugirió utilizar bitcoin como solución para sortear el obstáculo y hacer llegar los fondos de las donaciones a

Wikileacks.

Satoshi respondió en el foro a este artículo escribiendo las palabras textuales: **"Habría sido bueno tener esta atención en otro contexto. Wikileacks ha desatado un avispero y el enjambre se dirige hacia nosotros"**.

El mensaje es del 11 de diciembre de 2010, después de lo cual Satoshi desapareció del foro y no se supo nada más de él.

Nadie lo había conocido en persona, nadie conocía su verdadera identidad. Lo que quedaba y lo sigue quedando de él es el único documento de 9 páginas en el que explica punto por punto su idea. Bitcoin: un proyecto de código abierto regalado al mundo. La chispa inconsciente de un **big ben**.

1.3 Qué es Bitcoin

Ahora por fin puedo decirles lo que es para mí Bitcoin. Para mí Bitcoin es una **filosofía**.

"Bitcoin" con B mayúscula, es el sistema, la infraestructura en la que se apoya la moneda "bitcoin" con b minúscula, que es la moneda virtual por excelencia, la primera creada digitalmente, que se puede ser comprada, vendida e intercambiada en internet. Normalmente estas operaciones se realizan en plataformas informáticas, llamadas exchange, que son plataformas muy similares a las del mercado bursátil, pero de las cuales bitcoin es separado.

Existen muchas maneras de obtener beneficios de bitcoins y otras criptomonedas nacidas en los años siguientes, el principal es el Trading: comprar bitcoins cuando el valor es bajo y revender cuando es alto.

Parece demasiado fácil, ¿no?

El problema es que el precio es muy volátil y a veces impredecible.

Es necesario saber bien cómo moverse para evitar perder el capital.

Pero para entender cómo sacar provecho de las bitcoins es necesario hacer un corto y curioso viaje en el tiempo.

1.3.1 Un curioso viaje en el tiempo

Al principio fue el trueque.

El hombre primitivo era cultivador, cazador o pastor de ganado. La parte excedente de su producción se utilizaba para el intercambio de bienes de primera necesidad.

No había un precio fijo, el valor de las cosas era dado por el grado en que se necesitaba. Es decir, el valor que se atribuía en aquel momento al objeto de intercambio determinaba el precio que se estaba dispuesto a pagar para obtener lo que se necesitaba.

Con la difusión del comercio y de las mercancías se presentó el problema de que no siempre era posible **fraccionar** los bienes intercambiados, generalmente ganado vivo, además de los pesos y los volúmenes de las mercancías no hacían ciertamente fácil la vida a quien debía moverlas a mano o a lomo de mula.

Se hizo necesario inventar un sistema que fuera comúnmente aceptado y cuyo valor fuera reconocido por la mayoría de las personas: las primeras formas de dinero fueron las pieles, el cacao, la sal, las conchas...

Con la invención de la metalurgia los "poderes fuertes" de entonces inventaron un nuevo sistema: **la moneda**.

Pieles, cacao, sal y conchas eran bienes de dominio público, disponibles en la naturaleza en grandes cantidades, todos podían procurarlos, pero **acuñar** monedas se convirtió en prerrogativa sólo de los gobernantes. Con la creación de la moneda vinieron **los bancos**.

Huellas de los primeros bancos se tienen de las crónicas de la antigua Grecia, los primeros banqueros, llamados entonces "*trapecitos*" se ocupaban de los depósitos y del cambio de moneda. Eran personas cultas, que sabían leer y escribir a diferencia del resto de la población que era **analfabeta**. Su función principal era actuar como **garante**. En aquellos tiempos, las deudas entre las personas eran usuales y a la orden del día. Pero a veces el acreedor, a pesar de que el deudor le había pagado, se hacía el listo y negaba haber recibido el dinero. Era la reputación de los dos contendientes que decretaba la victoria de la disputa, obviamente a expensas de la verdad.

Para evitar esta posibilidad, el deudor podía acudir al banquero, que, por escrito, certificaba de forma imparcial el depósito en sus manos de la suma adeudada por el deudor.

Por su naturaleza, sin embargo, el banquero, precisamente porque es "usurero" no pudo dejar de prestar a su vez, por interés, parte de las monedas que yacen en sus arcas.

Así es como nacen los bancos, debido al analfabetismo.

El ascenso al poder de los bancos en las diferentes culturas fue imparable. Incluso reyes y gobernantes necesitaban banqueros para financiarse cuando los tributos del pueblo no eran suficientes y sobre todo cuando tenían necesidad de financiar sus guerras.

Incluidas las dos últimas guerras mundiales.

Los bancos prestan a los poderosos el dinero para destruir.

Los bancos prestan a los perdedores el dinero para reconstruir.

Los bancos prestan a las familias el dinero para comprar la casa.

Pase lo que pase, los bancos siempre ganan.

No es mi opinión son sólo hechos.

Al final de la Segunda Guerra Mundial, los países occidentales adherentes establecieron en Bretton Wood las reglas para impulsar el comercio internacional. Desde 1944 el dólar fue tomado como moneda de referencia a la que estaban vinculadas, con un valor de cambio fijo, todas las demás monedas. Para garantizar la confianza, a su vez **el dólar fue enganchado al oro**, al precio fijo de 35 dólares por onza.

Básicamente significaba que sería posible llevar dólares al banco central y recibir el oro correspondiente a cambio.

El dólar fue utilizado como moneda de reserva por todos los Estados, permitiendo de hecho al Tesoro de los Estados Unidos imprimir toda la moneda que consideraban necesaria para reubicarla en el mundo. Dando así al dólar y a los Estados Unidos un enorme poder.

Sin embargo, en la década de los sesenta, la situación empezó a ser sospechosa debido a las cantidades exageradas de dólares que circulaban por el mundo. El

Presidente francés De Gaulle pidió la conversión en oro de las reservas de dólares en poder del Banco de Francia y a su paso otros Estados, que dudaban de que el Tesoro de los Estados Unidos pudiera hacer frente a la conversión, también lo solicitaron.

Pero fue el conflicto de Vietnam que estalló la burbuja. El tesoro estadounidense hacía correr ríos de dinero por el planeta para hacer frente a las compras hechas en el mundo para soportar los gastos de la inmensa necesidad del ejército americano en el conflicto.

Fue el punto de no retorno. El 15 de agosto de 1971, el entonces presidente Nixon emitió la proclama por la cual el dólar ya no era convertible en oro.

De hecho, al desprenderse del dólar del oro se creó un terremoto en los mercados de cambio, comenzaron años oscuros de estancamiento de las economías y una fuerte **inflación**. Con la inflación se produjo un aumento indiscriminado de los precios que, al prolongarse el tiempo, dio lugar a una fuerte disminución del poder adquisitivo de la moneda.

El dólar perdió así su hegemonía y su característica de buen refugio.

En efecto, ¿cómo se puede definir "**reserva de valor**" algo que la Casa de la Moneda puede **reproducir y multiplicar hasta el infinito?**

No puede, es simple.

El oro por el contrario es una reserva de valor porque es raro, no replicable y está subordinado al concepto de escasez.

Bitcoin tiene las mismas características del oro y también algo más:

- Cada vez es más **raro** debido a la creciente dificultad matemática de su proceso de extracción computacional.
- **No se puede replicar.**
- Es previsiblemente escaso.

  Mientras que del oro podría haber la posibilidad de que salgan a la luz enormes yacimientos que harían bajar su precio, para Bitcoin se tiene la certeza matemática absoluta de que, al final del proceso de extracción, que podría ocurrir alrededor del año 2140, sólo puede haber **21 millones de bitcoins**. Lo establecen las estrictas reglas matemáticas de sus protocolos: 21 millones y basta. En el momento en que escribo se han extraído algo menos de 19 millones.

En su genialidad fascinante, Satoshi diseñó la moneda bitcoin para poder dividirla hasta una centésima millonésima, básicamente ocho decimales después de la coma: 1,00000000 donde el último decimal corresponde a 1 satoshi. Esto significa que también se pueden mover fracciones de bitcoin, cualquier cantidad se puede transmitir a través de una red peer-to-peer. Esta red no es administrada por nadie, como "uTorrent" utilizado para el intercambio en red de archivos compartidos entre usuarios. En la práctica no hay gobierno o empresa que controle el tráfico y el valor de los bitcoins.

CAPÍTULO 2
Comparación entre el sistema financiero tradicional y Bitcoin

- Con el actual sistema financiero tradicional no se es dueño absoluto de los fondos en su cuenta bancaria.
  Con el ecosistema Bitcoin se tiene la **soberanía monetaria absoluta** de los fondos.

- Con el actual sistema financiero tradicional es **exclusivo** poder del Estado hacer que los bancos centrales emitan moneda.
  Con el ecosistema Bitcoin no existe esta exclusividad.

- Con el actual sistema financiero tradicional la economía es víctima de la **inflación**.
  Con el ecosistema Bitcoin no existe esta posibilidad porque el número de bitcoins es un **número determinado**.

- Con el actual sistema financiero tradicional se puede **excluir** o marginar.
  Con el ecosistema Bitcoin no existe tal posibilidad, **no hay censura**.

- El sistema financiero tradicional es **centralizado**, todo el poder y las reservas de dinero están en manos de unos pocos y pueden tomar todas las decisiones que quieran.
  El ecosistema Bitcoin es descentralizado, nadie lo posee, nadie lo controla, todos pueden participar y la red de Internet en la que se apoya no se puede apagar.

- El sistema financiero tradicional es un sistema **cerrado**.
El ecosistema Bitcoin es un sistema **abierto**.

2.1 Conclusiones en comparación

- Cuando la empresa para la que trabajas paga tu salario no eres el propietario, sino el banco que te da crédito cuando lo necesitas. Así que te conviertes en titular de un crédito y no en propietario absoluto de tus fondos.
- Con bitcoin se tiene la soberanía monetaria absoluta de los fondos. Una vez depositados en el hardware wallet, la tenencia de las llaves, público y privado, nadie puede confiscarlos, embargar o llevar a cabo a su juicio. Un régimen de libertad absoluta.
- El sistema financiero tradicional se basa en la exclusividad, sólo los bancos centrales pueden emitir moneda. Una vez se enganchó al oro, tanto oro tenía una nación, tanta moneda podía emitir. Pero con un golpe de estado, hace unos años las cosas cambiaron. La moneda ya no se engancha al subyacente oro custodiado en las arcas del estado. Los gobernantes pueden decidir imprimir grandes cantidades y han dado una demostración práctica con la pandemia de coronavirus.
- Con bitcoin nunca habrá más de 21 millones de bitcoins en circulación
- A las personas consideradas inseguras en el ámbito crediticio, por ejemplo, los "malos pagadores", los que se encuentran en quiebra,

etc., se impide el acceso al crédito y, en algunos casos, el sistema actual prevé **el embargo** de los fondos depositados en las cuentas bancarias del depositante a petición del Estado o de los acreedores.

- Los bitcoins **no son embargables** porque no existe una autoridad central que pueda intervenir para hacerlo. No es una opción permitida por el sistema.

- El sistema financiero tradicional es centralizado, lo que se llama **"single point of failure"**, es decir, si los servidores centrales, por ejemplo, se apagan, o son objeto de un ataque informático, el banco ya no será capaz de cuadrar los balances, No sabrán cuánto dinero tenías en la cuenta, cuántos pagos de la hipoteca te quedan, etcétera.

  Los protocolos de seguridad eventualmente serán capaces de reactivar el sistema, pero mientras tanto, durante horas, días o semanas, no dispondrás de más dinero del que tienes en tu cuenta bancaria. En cambio, si el banco quiebra, puede ocurrir de todo, incluido el riesgo de pérdida de los fondos de todos los depositantes. **Chipre** y Grecia enseñan, sólo para dar un ejemplo no muy lejano en el tiempo. Puedes golpear la pantalla del cajero todo lo que quieras, pero si el banco ha hecho el crack, puedes despedirte de tu dinero.

- Bitcoin y su blockchain forman parte de un **sistema descentralizado**, un libro de contabilidad redistribuido en el que se registran de forma indeleble y certificada las operaciones. Por su naturaleza, al ser redistribuida, **no puede sufrir daños de ningún ataque hacker**.

- El sistema bancario tradicional es un sistema completamente **cerrado** que no permite el intercambio y la interacción de aplicaciones externas de otras personas que no sean el propio banco. Los beneficios para el banco están siempre en primer lugar, la innovación y el mejor servicio al cliente vienen mucho después.

- Bitcoin y su Blockchain son un **sistema abierto** en el que los usuarios pueden implementar software y plataformas, servicios y aplicaciones. Los más beneficiosos para todo el sistema se utilizarán y prosperarán creando riqueza y mayor libertad para todos los usuarios, los demás con poca o ninguna utilidad desaparecerán gracias al sistema meritocrático de selección natural.

CAPÍTULO 3
Crear el Mindset ganador

Para evitar hacer **daños**, antes de pasar a la operatividad y a la ganancia, es indispensable estar seguro de tener **la actitud mental adecuada**.

Hemos visto en las páginas anteriores los motivos y las dinámicas del nacimiento de la moneda y de bitcoin y las características del actual sistema financiero.

Gracias a la comparación que hemos hecho, deberíamos tener las ideas más claras del contexto del que estamos hablando. Todo esto se ha hecho en función de uno de nuestros objetivos principales: crear el **mindset** adecuado para **obtener beneficios** de Bitcoin.

Para tener éxito en este campo es necesario un mindset que libere la mente de todos los **prejuicios** que se sienten alrededor, que se deshaga de los falsos mitos, que libere la mirada de las trampas presentes en todos los lugares donde se trata de dinero y finanzas y que no nos haga víctima de las ilusiones.

La operatividad sin los conceptos aprendidos con la formación sólo hace daño.

No crean a los corredores que dicen que te haces rico en poco tiempo, es sólo un mito, quieren llevarlos a su plataforma para ganar dinero con su dinero. O a los que dicen que sólo tienes que copiar las estrategias de los profesionales para hacerte rico. Olvidan que en el trading, además de las técnicas, uno de los principales aspectos de gran importancia es el aspecto psicológico del trader. No es usando el abito de otra persona que se vuelve más inteligente.

O que basta simplemente **seguir** las señales de un chat en un grupo **social**. En la mayoría de los casos son estafas, se unen en grupo para hacer entrar a los tontos en una moneda cuando el "**pump**" se está agotando, ellos toman los beneficios y los demás se quedan con un puñado de moscas en la mano. Manténganse alejados.

Generalmente el enfoque del trader común es centrarse en la **ganancia** de la operación. Un mindset justo hace lo contrario: cuando se va a abrir una posición se centra en la **mitigación** del **riesgo** y la protección del capital. La ganancia se convierte así en la **consecuencia** natural de esta actitud y no lo principal.

El análisis técnico y los gráficos no son esferas mágicas: no revelan el futuro. Son sólo herramientas que nos dicen lo que ha sucedido en el pasado, lo que permite representarlo gráficamente para dar una perspectiva a las tendencias del mercado, identificar los soportes y resistencias, a fin de detectar el riesgo al que se enfrenta al abrir una posición.

Así que con el mindset adecuado la pregunta que tenemos que hacernos no es:

"¿Cómo puedo ganar más dinero?".

Sino: "¿Cómo puedo minimizar al máximo el riesgo de pérdidas?".

Hay tres tipos de **riesgo** a tener en cuenta:

- el riesgo de **posición**
  Es el relativo a la posición abierta donde ya hemos definido antes de entrar en el porcentaje o la suma de capital más allá del cual no estamos dispuestos a perder más.
- el riesgo de **capital**

Es el relativo al conjunto de más posiciones abiertas en varios frentes y más allá del cual no estamos dispuestos a perder aún más.

- Riesgo de **quiebra**
  Es el riesgo a largo plazo de ver cómo se drena el capital sin realizar las debidas modificaciones estratégicas.
  ¡El final de los juegos!

...

No existe una estrategia universal, hay quien es **ansioso** y no se encuentra bien con un "time frame" **diario** pero se relaja con uno semanal. Mientras que hay quienes se alimentan de la adrenalina y disfrutan del grafico del time frame horario.

A cada uno de nosotros corresponde la tarea de comprender cuáles son las posiciones que saber gestionar mejor y encuadrar la operatividad que corresponde a su carácter.

Sobre todo al principio, aceptas tu naturaleza, luego con el tiempo, con la debida práctica y formación puedes llegar a lo alto, muy alto.

3.1 Objetivos

Para la psicología humana es indispensable tener objetivos a los que aspirar para tener éxito.

No puedo decir cuáles deberían ser los suyos pero puedo decirles cuáles son los míos: "**riqueza y libertad**".

Ser rico para mí significa vivir en abundancia.

El lujo, el brillo, la ostentación de la riqueza me disgustan. A largo plazo se convierten en una forma de esclavitud, siempre compitiendo con los demás y al final siempre se sale con los huesos rotos.

La **riqueza** para mí es tener abundancia de tiempo, de oportunidades, de pasiones, de amor y de dinero. Porque el dinero no será la felicidad, pero ciertamente ayuda a conseguirla.

La **libertad** para mí es la posibilidad de poder elegir siempre y en cualquier caso, sin tener que depender de nada ni de nadie.

Riqueza y libertad son parientes cercanos, si se llevan bien, se convierten en almas gemelas.

Invertir y hacer trading le permite tener **una entrada adicional**, una renta diversificada que con una planificación estratégica hace trabajar el dinero para nosotros y nos acerca a los objetivos que pueden cambiar radicalmente la vida.

Mantener el dinero sin utilizar en la cuenta bancaria se ha convertido en sólo un costo, el cáncer de la inflación después hace el resto.

Existen muchas maneras de hacerlos fructificar: bonos, acciones, materias primas, fondos de inversión, criptomonedas, etc. Cada uno con su operatividad, cada uno con su grado de riesgo, cada uno con su retorno de inversión.

Personalmente elegí bitcoin y criptomonedas porque según mi experiencia personal, si sabes cómo hacer, actualmente no existe en el mundo una vuelta de la inversión lícita más alta que esta. Pero hay que tener cuidado, **el riesgo es alto**. Por esto es fundamental la formación.

Depende de cada uno de nosotros encontrar el punto de equilibrio que nos puede hacer ricos, libres y serenos.

Con bitcoin para empezar no es necesario conocer todo de los gráficos, del análisis técnico y fundamental, de la "market action", "del open interest", de la "price action", de las tendencias, del timing, de los soportes, de las resistencias, de las medias móviles, etcétera, etcétera.

Se parte de una base, quizás la más elemental posible, con una cartera básica. Se compra, se vende y una vez tomada confianza se puede empezar a mirar a los activos un poco más especulativos, para evaluar si asumir algún riesgo adicional frente a un potencial beneficio mayor.

Exuste todo un mundo que hay que descubrir un paso a la vez.

El trading se basa en las **probabilidades** de ganar o perder **cuando se cierra una posición**, por lo que depende mucho de nosotros mismos y no sólo de los mercados.

Es un camino largo, que puede dar muchas satisfacciones, pero que requiere tiempo y compromiso.

El trading es establecer una **estrategia** que sea **rentable a largo plazo**: si la curva de mi capital crece con el tiempo significa que mis estrategias están funcionando. Es normal sufrir pérdidas, lo importante es ser **rentable a largo plazo**. Para hacer esto es necesario mover el enfoque de la operación individual y concentrarse en la **estrategia**.

Quien no diversifica y concentra todo el capital en una sola posición haciendo "**all in**" no hace trading sino una **apuesta**, ¡y es una locura!

Bien podría ir al casino, apostar todo en rojo y cruzar los

dedos. ¡Pero debemos ser conscientes de que si sale el negro o el cero se pierde todo!

Hay que evitar **la improvisación** dejando **la emotividad** fuera, así como aprender a aceptar que sufrir pérdidas forma parte del recorrido formativo: ¿Quién no se cayó aprendiendo a andar en bicicleta?

Todo esto es posible sólo con una cuidadosa planificación estratégica.

Regla n. 3: "Crear el mindset ganador"

Aquí está la **checklist** de los puntos clave para crear el **mindset ganador**:

1. definir sus propios objetivos
2. conocer sus propios límites
3. conocer sus propios puntos fuertes
4. comprender los conceptos sobre los que poner el enfoque.
5. definir lo que se quiere lograr
6. definir el horizonte temporal, el time frame sobre el cual se está serenamente en condiciones de operar
7. ser consciente de que aquí no se improvisa
8. ser conscientes de que la formación es necesaria.

CAPÍTULO 4
Comprar y vender bitcoin

Ahora entramos en la operatividad.

Para obtener beneficios de bitcoin es necesario como primer paso **comprarlos**.

Pero antes de comprarlos hay que tener muy claro con uno mismo cuál es la **razón** principal por la que se quiere tratar con el Rey de las monedas de Internet, porque en base a esto se recorrerán **caminos diferentes**:

1. como **inversión** y **plan de acumulación** para habituarse.
2. como **especulación** para obtener beneficios
3. como **reserva de valor**

En base a tu motivación, a la formación, a la disponibilidad de capital y de tiempo disponible habrá opciones operativas diferentes.

1. **La inversión** tiene por objeto colocar ahorros en un bien de valor, ahorros que de otro modo serían infructuosos. Al inversor le lleva poco tiempo dedicarse a la formación, ya que se trata de conocer sólo aquellos pocos **instrumentos** en circulación para **rentabilizar** el capital que se quiere hacer fructificar. Por supuesto, la rentabilidad será proporcional en porcentaje al capital invertido.

   Si usted es un **novato** del sector, lo que recomiendo, es empezar a operar por etapas, con un **plan de acumulación** mensual de bitcoin que requiere **muy poco capital** y mientras tanto se puede empezar a informarse y estudiar los temas básicos para poder empezar a operar. Se requiere una **baja operatividad semanal**.

2. La **especulación** es para obtener **beneficios**, comprar a bajo precio y revender alto, monetizando en la diferencia entre la compra y la venta en un horizonte temporal que puede ir de unos minutos a unos meses. Para hacer **trading especulativo** se necesitan incluso unos pocos cientos de dólares para empezar, pero hay que tener **mucho tiempo disponible** para seguir los mercados y para **ampliar su formación**. Habrá mucho que estudiar y mantenerse constantemente actualizado.

   Se requiere una operatividad diaria.

3. Si deseas utilizar bitcoin como **reserva de valor** no se requiere tiempo para dedicarle pero se necesita un **capital considerable**. Sólo tienes que comprar los bitcoins, transferirlos a un hardware wallet fuera de la web y ponerlo en la caja de seguridad. Es como enterrar un tesoro y esperar durante años que valga la pena desenterrarlo, sin importar lo que pueda pasar en los mercados.

   Prácticamente no se requiere **ninguna operatividad**.

...

Como escribí al principio del libro, una de las finalidades principales de esta obra es comprender el mercado de criptomonedas para poder elegir libremente si entrar o no. Por lo tanto, ahora vamos a tratar con más detalle el primer punto relativo **a los beneficios de la inversión, los planes de acumulación y la baja operatividad de las**

operaciones. En cuanto al trading especulativo veremos aquí las bases para operar, pero para la alta operatividad, siendo un tema muy extenso y avanzado, estoy en programación otros libros específicos. Para ver si mientras tanto se han publicado trata de hacer una búsqueda con el nombre del autor.

CAPÍTULO 5
Inversión, plan de acumulación y operaciones de baja operatividad

Ok, intentemos ponernos en el lugar de alguien que nunca ha invertido en su vida y no sabe nada. O en los que ya tienen una cartera pequeña con títulos que le hicieron comprar el banco y quieren ampliarlo con bitcoin. Ambos han oído que bitcoin está funcionando muy bien y no quieren dejar pasar la oportunidad pero nunca han hecho trading, no conocen el análisis técnico, ambos trabajan y no tienen mucho tiempo disponible para dedicar, por lo que les gustaría mantener un enfoque **simple y relajado**.

Una de las mejores cosas que un **novato** puede hacer es comenzar con un **plan de acumulación con tres componentes**:

1. una gestión activa de la estrategia de **compra**
2. una gestión activa de la posición con **revalorización periódica**
3. una estrategia de **salida**

Lo primero es saber cuánto **puedo** invertir.

Este aspecto es muy delicado, y esta es mi opinión al respecto: **"Invertir en criptomonedas puede dar altas ganancias pero es una operación de alto riesgo, hay la posibilidad de perder todo o parte del capital invertido. Nunca inviertas más de lo que puedes permitirte perder sin que la pérdida cause dificultades al nivel de vida del inversor".**

Si no se tiene idea de cuánto invertir es preferible evitar sacar cifras al azar, el método más fácil de cuantificar es fijar una fecha de referencia cada mes, siempre la misma. Por ejemplo, el último día del mes. Cada mes en esa fecha nos sentamos en el escritorio y contamos los recursos que podemos dedicar a nuestra inversión activa. Un simple cálculo matemático es suficiente: el **total de los ingresos totales** del mes menos el **total de los gastos fijos totales**, sobre el resultado debe calcularse un **porcentaje**, digamos del 10%, 20%, decide tú, que se puede **destinar a la inversión** en el plan de acumulación sin que esta cifra sustraída traiga molestias en la gestión económica normal del presupuesto personal o familiar.

Ejemplo: 3.000$ de ingresos netos – 1.500$ de egresos fijos = 1.500$, Considerando que con este dinero también tengo que vivir: ir a cenar fuera, al cine, las flores para la novia... ¿Cuánto de eso puedo gastar ese mes en inversiones sin causarme problemas?

Por ejemplo, si sustraigo el 15%, es decir, 225$ para invertir, ¿se puede hacer? Por supuesto, cada uno realiza la cuente dependiendo de su situación real.

Entonces, decíamos, retengo el 15%, es decir, 225$ según este ejemplo y compro bitcoins. (Como comprar lo veremos en el capítulo siguiente).

Cada mes hago esta operación de presupuesto personal y cuantifico cuánto mes a mes puedo permitirme invertir sin que esto cree problemas a mi nivel de vida. Basándome en los ingresos y gastos mensuales que nunca serán iguales, decidiré de vez en vez la cantidad que se dedicará a la compra de bitcoins.

Equilibrando así, de manera activa, mi posición de inversión con plan de acumulación mensual.

Después de al menos un año de acumulación podemos comenzar a hacer un primer balance y considerar la posibilidad de tomar una **parte de beneficio**. Si el gain ha estado muy bien se puede pensar de retirar un 5 o un 10% del capital acumulado.

El **timing** de la eventual salida debe ser mucho más largo, semestral o anual, que el utilizado al principio que es mensual.

Debe haber habido meses en los que he comprado más y otros menos, el capital mientras tanto, basado también en el **rendimiento** del bitcoin se presta a una comprobación para evaluar si dejar todo y continuar, si tomar el exceso que creció con respecto al capital desembolsado o si se liquida fraccionalmente toda la posición del plano de acumulación.

Si ahora se preguntan: **"¿cuándo retiro todo mi capital?"**.

A excepción de emergencias repentinas o de extrema necesidad, yo no liquidaría todo, una parte de la cartera la mantendría de todos modos.

Yo personalmente soy un **"holder"** convencido. Cuando compré por primera vez bitcoin el precio de mercado fue de menos de $ 3.000 y a pesar de sus oscilaciones ahora, en el momento en que escribo, vale $ 61.000. Así que entenderán cómo puedo estar motivado para no vender ya que a lo largo de los años ha crecido más de veinte veces más.

Según yo crecerá mucho más.

La entrada de los inversores institucionales y de los grandes fondos de inversión, que se han presentado a la llamada de beneficios estratosféricos, inimaginables con otros activos de las finanzas tradicionales, está dando paso, creando una confianza cada vez mayor en otros grandes y pequeños inversores.

No sé qué sucederá en el futuro, no existen certezas, pero como ya les he dicho bitcoin y la blockchain son una **filosofía**, que estudio atentamente en sus desarrollos cada día.

Lo mío no es un acto de fe ciega, son sólo evaluaciones de mente fría, con conocimiento de causa: es por eso que soy optimista sobre su crecimiento.

Recuerde siempre, sin embargo, que Bitcoin y las criptomonedas son un activo de **alto riesgo**, es por eso que hay que tener el **mindset correcto**.

Hubo meses en que mi plan de acumulación estaba en fuerte pérdida porque el mercado se había desplomado y el valor de mi capital se había convertido en la mitad del dinero total que había invertido. El miedo obligaba a vender todo para al menos evitar perder de nuevo.

Hubo días en que los precios se dispararon y el capital se había convertido en poco tiempo en el doble del dinero invertido, la tentación de vender todo en esos momentos es muy fuerte. Pero si no eres un trader experimentado no lo hagas, podría ser el primero de una larga serie de errores que podrías hacer.

Con la misma emotividad con la que has vendido todo, puede que te sientas tentado a recomprar todo tan pronto como el precio descienda, pero sin saber el análisis técnico, difícilmente encontrarías el punto de entrada de un precio en descenso libre, que pierde diez o veinte mil dólares en cuestión de minutos. El miedo entonces te haría revender a un precio muy inferior a lo que has recuperado en un intento de limitar los daños. La frustración y la angustia no te permitirán dormir y probablemente pasarás la noche pegado a la pantalla revisando los gráficos y maldiciendo el día en que se te ocurrió invertir en bitcoin. Todo lo contrario de la premisa inicial de mantener un enfoque "**simple y relajado**".

Para ganar tienes que tener la atención adecuada y seguir la estrategia inicial sin dejarte ganar por la emoción.

CAPÍTULO 6
Cómo comprar bitcoin

Para comprar bitcoin es necesario registrarse y utilizar una plataforma llamada "**exchange**".

El exchange de criptomonedas es una plataforma informática en la que se puede **comprar, vender y hacer otras operaciones** sobre las crypto, incluyendo **comprar y vender bitcoins**.

En el mercado bursátil de las Bolsas hay horarios de operación, mientras que el mundo de las criptomonedas nunca cierra. Está siempre en constante agitación, 24 horas al día, siete días a la semana, a nivel planetario. Cuando los mercados occidentales se acuestan, los mercados asiáticos se despiertan y viceversa: un tren en marcha, prácticamente imparable.

Para participar y ser operativo es necesario elegir al menos un exchange sobre el cual practicar. Existen muchos, cada uno con sus características específicas, pero aun así muy similares entre sí desde el punto de vista operativo y visual. Es una decisión importante y no debe hacerse al azar.

Entre los muchos exchange del mundo no se debe caer en el error de pensar que uno vale el otro. Se debe saber leer lo que hay detrás de la pantalla y para hacerlo sólo tienes que informarte.

Recuerda que le estás dando tu dinero.

Regla n. 4: "Infórmense sobre la empresa a la que confían su dinero"

...

En el contexto de este libro, para los ejercicios prácticos, tengo que elegir al menos uno para mostrarte cómo operar. Mi elección cae en el exchange "Kraken". Te mostraré punto por punto cómo funciona, y luego podrás estar operativo inmediatamente.

Preciso que no tengo ningún interés que elijas Kraken u otro exchange, las razones se refieren solamente a la **regla n. 4**.

En el caso de que ya utilices otro exchange o prefieres operar con otro, no dudes en hacerlo y ten en cuenta que todos los pasos descritos a continuación describen características y operaciones que están presentes bien o mal incluso en otros exchange. Quizás se encuentren en posiciones diferentes o no se llamarán exactamente de la misma manera pero, en buena sustancia, cambian los músicos pero la música es la misma.

Según yo Kraken, el día que escribo, es el Ferrari de los exchange, pero la razón por la que elegí hablar de ello es por esto: el exchange debe estar **regulado** y, para ello, debe someterse a estrictos controles de seguridad y a las leyes actuales. Otros factores importantes son que: mientras más conocido y famoso, más años de operación posee y más los estándares de seguridad son altos.

Por último, la plataforma debe ser de fácil comprensión y uso, debe tener servicios actuales, un buen cuidado del cliente y debe ser confiable. Todos los requisitos que, en mi opinión, Kraken cumple.

Sean libres de elegir, pero recuerden que en primer lugar debe estar siempre su seguridad y la de su capital.

Regola n. 5: "Más vale prevenir que curar".

Kraken es universalmente reconocido como uno de los

exchange más seguros del mundo por los estándares de seguridad que utiliza. Está totalmente reglamentado e incluso tiene una licencia bancaria, una de los pocos en el mundo que se las arregló para conseguirla.

6.1 Operar en el exchange

En la exchange es posible comprar y vender criptomonedas, con transferencia instantánea y comisiones extremadamente ventajosas, comprar crypto utilizando otros crypto y disponer de la plataforma "futures" para quién quiere realizar una operatividad especulativa al máximo nivel.

También pone a disposición el servicio de "staking" para obtener una interesante renta pasiva en muchas monedas.

Trataremos aquí todos los puntos importantes para volvernos operativos: **desde la apertura de la cuenta** hasta la **máxima seguridad,** incluyendo el funcionamiento de cómo se puede **comprar y vender,** incluyendo las **comisiones** de intercambio.

Veámoslos punto por punto.

Les recomiendo que abran en uno de sus dispositivos el sitio web oficial de "kraken.com" para que puedan seguirme mejor.

1) Registro de la cuenta y seguridad.

Para registrar una cuenta sólo se necesitan unos minutos, es suficiente con correo electrónico, contraseña y un solo documento a elegir entre los siguientes: documento de identidad, permiso de conducir o pasaporte.

Una vez introducido y realizado el registro el sistema de la plataforma efectuará el proceso de verificación de identidad, operación que puede durar de unas horas hasta un par de días. Deben tener pruebas de que son ustedes verdaderamente.

Por lo general, un correo electrónico avisa que la verificación ha sido exitosa, y entonces entramos en la cuenta y **la aseguramos**.

Esto es un imperativo: "Es absolutamente fundamental **maximizar la seguridad de su cuenta**".

Kraken tiene afortunadamente un nivel de seguridad muy alto, hecho a paso, que es muy fácil de implementar.

Van al menú de su perfil y hacen clic en "seguridad", despues, configuración, y luego "autenticación de dos factores": habiéndola activado, se asegurará de que sólo ustedes puedan acceder a su cuenta aunque alguien más sepa su contraseña.

Al activar "dos factores" cada vez que se haga un depósito o una retirada de fondos el sistema requerirá la autenticación de dos factores.

La habilitación es opcional, si eres uno de los que está pensando: "**Voy a empezar, luego me encargaré de proteger la cuenta**" ¡**Estas equivocado**! Algunos no la habilitan, luego lloran cuando pierden todo el dinero debido a un virus o un email de phishing que sustrae credenciales.

Están protegiendo su patrimonio, sus inversiones, salgan del letargo mental y habiliten la autenticación de dos factores.

La habilitación de dos o más factores se basa en el

mismo sistema que se utiliza para acceder a la cuenta en línea de su banco: usuario y contraseña. Entonces el banco pide otro dato, una secuencia numérica generada por otro canal tecnológico: un token, la aplicación del banco, un sms, etc.

Con Kraken como canal adicional se puede utilizar la aplicación "authenticator" del motor de búsqueda más grande. Para teléfonos Android descargue la aplicación y siga sus instrucciones. Con los dispositivos de la manzana mordida sigue las instrucciones en los sitios de soporte, es muy simple.

Incluso si utilizan otra exchange el procedimiento es definitivamente similar a la anterior.

...

¿Hecho?

¿Configuraron la seguridad su cuenta de exchange?

Ok, ahora que hemos terminado la parte más aburrida, pero lo más importante, podemos empezar a divertirnos.

2) Depósito de fondos

Para empezar a divertirnos y posiblemente a ganar es necesario **depositar fondos.** Asi que, entren en el perfil de su cuenta, seleccionen el menú "**depósitos**", y los redirigirá a una página con la lista de todas las monedas de fiat aceptadas: dólar, euro, libra esterlina, yuan, etc. Hagan clic en "**depósito**" al lado de la moneda de fiat que desea depositar y entrará en una página donde tienen que elegir el método de depósito: yo recomiendo "clear junction" que permite hacer **transferencias instantáneas**, de modo que envíen inmediatamente los fondos a la exchange para poder utilizarlos enseguida, con fees irrisorios.

Los datos que se utilizarán para realizar la transferencia en su banco en línea. Como **destinatario** de su transferencia copien **el iban** del exchange; en la **causa** de la transferencia deben **copiar y pegar** la cadena alfanumérica que ven aparecer debajo de la referencia incluyendo la inscripción "kraken.com", inserten toda la cadena, haciendo su propia copia y pega. Una vez realizada la transferencia, los fondos serán transferidos inmediatamente a su cuenta. Insisto en hacer copiar y pegar porque si se cometen errores de transcripción los fondos se enviarán de vuelta, o podrían pedir la identificación de nivel superior, con la verificación de la dirección de residencia.

Y es solo una pérdida de tiempo.

Para el **retiro** es exactamente lo mismo, si desean retirar dólares o euros seleccionen la moneda elegida, seleccionen el método "clear junction", también en este caso hay transferencia instantánea, se les mostrarán las comisiones, también en este caso muy bajas.

3) Depositar cripto

Además de depósito de monedas fiat se pueden depositar directamente bitcoins, procedentes de otras bolsas u otros wallet. El procedimiento es muy similar a los depósitos y retiros de moneda fiat.

Para **depositar bitcoin** hagan clic en depósito, el sistema generará una nueva dirección, sólo tendrán que copiar y pegar esa cadena en la interfaz de envío de la persona que hace el desembolso cripto para recibir los bitcoins.

Tengan en cuenta que sólo pueden tener activo un máximo de cinco address, si crean uno más el más viejo expirará después de siete días, así que sepan que no se puede ir a generar una cantidad infinita de address. Si generan más de cinco, los más viejos caducarán. Esto no significa que pierdan los bitcoins acreditados, sólo que en el futuro no pueden usar el address caducado.

En cambio, en lo que se refiere a las tasas de comisión son bajas, mucho más bajas que la competencia. Para retirar bitcoin, por ejemplo, se paga 0,00015 bitcoins de comisión. Si observan que otros exchange aplican el 0,0005 se dan cuenta de que es mucho más conveniente, casi menos de un tercio.

También en este caso, simplemente añadan una dirección a su " white list" y confirmen con la autenticación de dos factores. El address sequeda guardado, de manera de tener una lista blanca de direcciones fiables.

4) Depósito de divisas con tarjeta de crédito

Como alternativa a la transferencia bancaria es posible depositar fondos utilizando una **tarjeta de crédito** o débito, pero sepa que las comisiones son mucho más **desfavorables**.

Por lo tanto, en mi opinión, es preferible hacer una transferencia instantánea en lugar de utilizar la tarjeta.

5) Comprar bitcoins u otros criptos.

Una vez que el dinero está en su cuenta en el exchange se puede comprar bitcoins.

¿Cómo hacer su primera compra en bitcoin?

Veamos el método más simple, pero que tiene las comisiones más altas.

Está pensado para aquellos que quieren un simple y grande botón "**comprar**" y un inconfundible "**ok**".

Siempre lo encuentras en tu cuenta bajo a "comprar cripto".

Elijan qué moneda quieren comprar, por ejemplo bitcoin, cuánto quieren gastar, por ejemplo en dólares, debajo aparece la tecla "comprar", un clic y pan comido.

De una simplicidad desarmante.

Lo mismo se aplica con la **venta** y lo mismo con la **conversión** de un crypto a otro.

Ok, esta **es la forma más fácil** de comprar y vender o convertir bitcoin o cripto en exchange.

En esta pantalla también pueden **agregar una tarjeta de crédito** o débito y hacer una compra directa a través de ella, pero **cuidado con las comisiones**, ¡porque la simplicidad se paga!

Para comprar con **tarjeta de crédito** se paga una **comisión del 3,75% más una pequeña cuota fija**, a diferencia de la compra con transferencia instantánea que no tiene comisiones a pagar porque se aplica un diferencial sobre el valor de mercado de la moneda comprada. Los Exchange no hacen caridad.

Por lo tanto, honor a la simplicidad, pero **no** recomiendo utilizar estos dos métodos de compra. Con un poco de paciencia y ganas de aplicarse les mostraré la manera de **ahorrar** muchas, pero muchas comisiones.

6) Comprar cripto en la plataforma tradicional
Para beneficiarse de un buen funcionamiento y un **bajo**

costo de comisiones vamos a colocar órdenes de compra o venta directamente en la plataforma, pero todavía **no** las que utilizan los traders avanzados que veremos después.

Aquí nos encontramos todavía en el camino simplificado.

En este caso, las **comisiones bajan** mucho y seguirán bajando a medida que aumente el volumen del movimiento: entre 0 y 50.000 dólares de compra las comisiones son 0,26% sobre el "taker" o "market order", mientras que un 0,16% sobre el "maker" o "limit order".

Para utilizar el exchange tradicional hay dos tipos de interfaces a las que se accede haciendo clic en **"trade"** en el menú principal.

Arriba está la interfaz tradicional, que tiene tres niveles de dificultad: **simple, intermedio y avanzado**.

Cada nivel añade de vez en cuando **opcionals** a los pedidos, que se pueden personalizar cada vez más añadiendo los elementos que ahora veremos.

a) interfaz simple

Partimos de la tradicional simple, que de hecho es la más fácil de todas, es inmediata y si sólo quieren comprar o vender, sin hacer trading, este creo que es el método más inmediato.

Paso 1

Elijan el mercado, es decir, la copia del par de monedas en las que desean operar, por ejemplo, bitcoin/dólar (en Kraken bitcoin se representa con la sigla XBT en lugar de la habitual BTC, no te asustes, simplemente tiene una forma diferente de escribir bitcoin. No es un derivado, no es nada raro, es el bitcoin).

Paso 2

Aquí pueden comprar o vender bitcoin.

Al seleccionar el orden de tipo "**market**" compras XBT al precio de mercado actual y paga las **comisiones** de "**taker**" al **0,26%.**

Ejemplo: quiero comprar 0,0005 bitcoin, el sistema calcula automáticamente el contravalor en dólares al precio actual de mercado, hago clic en "**comprar**", la orden se ejecuta inmediatamente y pan comido.

O bien, seleccionando "**limit**" elegiré comprar a un precio inferior en el mercado y pagaré las comisiones de "**maker**" al **0,16**%. En la práctica, **si el precio cae** al precio que he establecido, tomo la compra y con la misma cifra tendré más bitcoins de los que tendría si hubiera comprado a precio de mercado.

Ejemplo: Digamos que ahora se intercambia bitcoin a 60.000 dólares, según mis previsiones técnicas yo pienso que la tendencia será a bajar, supongo que podría llegar a los 55.000, así que voy a insertar mi pedido "limit" a 55.000 dólares.

Con un clic lo lanzo en el orderbook de esa cifra.

Si bitcoin no baja a ese precio el pedido nunca se ejecutará, pero si baja será ejecutado y habré comprado a 55.000 en lugar de a 60.000 dólares con las comisiones sólo al 0,16%.

*Básicamente, si hubiera comprado con el pedido de tipo "**market**" habría comprado **inmediatamente** a 60.000, en lugar con el orden de tipo "limit", si mis predicciones son correctas, **no tengo prisa** y el precio baja a la hipotética cifra del ejemplo, es decir 55.000, he logrado* *un notable ahorro atribuyéndome un* **descuento** *del 8,33%.*

...

Les insertaré aquí una herramienta muy útil:
- La Fórmula para calcular el porcentaje de descuento
Es muy fácil de usar y estoy seguro de que les será muy útil, es la fórmula utilizada en el ejemplo anterior:
Precio inicial – precio de descuento / precio inicial x 100 = % de descuento
60.000-55.000/60.000 x 100 = 8,333%
Muy útil ¿verdad?

...

Para la **venta "limit"** vale exactamente lo mismo pero al contrario.

Si voy a hacer una compra seleccionando **limit** es obvio que mi precio debe ser más bajo que el precio de mercado actual, de lo contrario no hay ahorro.

Si por el contrario yo quiero vender, el precio límite debe ser obviamente más alto que el precio actual, de lo contrario no hay beneficio.

b) interfaz intermedia

Con esta opción se añaden algunos detalles.

- Viene añadida la opción de retrasar cuando se comercializa un pedido, es decir, puedo introducirlo ahora, pero también puedo seleccionar la fecha en que se pondrá en marcha en el mercado, por ejemplo mañana al mediodía. También existe la opción de vencimiento, en caso de que no haya tenido éxito, para cancelar el pedido por ejemplo a medianoche. Todo sin comisiones adicionales.

- Viene añadida la opción en la que puedo elegir entre pagar las comisiones, los "fees", en bitcoin o en dólares.

- Se añade la posibilidad de utilizar el apalancamiento luego de usar el "margin trading". Pero esto es margin trading "**spot**", no se trata de "**futures**" que veremos mejor más adelante. Con el margin trading en práctica mayor las comisiones son dobles: las de apertura, que se suman a la comisión clásica, más las comisiones cada 4 horas para mantener abierto el préstamo.

Con el margin trading en práctica, básicamente amplifica su posición utilizando mucho más capital que el que tiene, capital **prestado** de la bolsa u otros traders. A cambio, se pide en depósito una **fracción** del capital con el que se expone. Se dice operar en **apalancamiento** para amplificar la propia posición.

El apalancamiento define la exposición y cuantifica la participación en el depósito como garantía: 2x, 5x, 10x, también 100x. Cuanto mayor es el apalancamiento, mayor es la cuota requerida en el depósito, si sale bien las ganancias son altas pero de lo contrario las pérdidas son considerables.

Por ejemplo: con un apalancamiento 10x para operar con un capital de 100.000 dólares se deben depositar 10.000.

En un mercado de baja volatilidad como, por ejemplo, la divisa internacional el riesgo es más calculado, pero para el mercado de crypto que es de altísima volatilidad para utilizar el margin trading deben ser realmente expertos y muy a menudo incluso los expertos salen con los huesos rotos.

Así que mi consejo es que cada uno de el paso según su pierna.

No margin trading para principiantes.

c) interfaz avanzada

Para aquellos que quieren realizar una operación completa la opción avanzada finalmente permite entrar en el corazón de las ordenes permitiendo insertar otros parámetros importantes.

1. **Market**
2. **Limit**
3. **Stop loss**
4. **Take profit**
5. **Stop limit**
6. **Take profit limit**
7. **Guardar posición**

Veámoslos juntos:

- **Market y limit** son las dos posibilidades de colocar las ordenes en el mercado que hemos visto antes.
- El "**stop loss**" es muy importante. Es un ajuste automático que sirve para minimizar las pérdidas en nuestra ausencia, estableciendo con precisión lo que estamos dispuestos a perder en una posición. Es una herramienta de gestión de dinero

que nos permite, una vez establecidos, permanecer relajados incluso si no estamos controlando los mercados.

Hagamos un ejemplo práctico siguiendo las opciones disponibles en la interfaz avanzada: Quiero emitir una orden de compra en el mercado, por 0,1 bitcoins, sin apalancamiento, comienzo ahora hasta que cancele la orden yo mismo, pagando los fees en dólares, con cierre condicional "stop loss".

Para ir a proteger mi pedido fijo un precio en dólares, por ejemplo: bitcoin se cambia a 60.000 dólares, pongo el stop loss a 50.000 dólares, así que si cae repentinamente corto las pérdidas a 50.000 sin ir más allá. O puedo elegir la opción que si baja por ejemplo 1.000 dólares cierro la orden en pérdida sólo por esa cifra.

O en porcentaje, por ejemplo, si el precio baja un 5% cierro la orden en pérdida sólo por ese porcentaje.

El Stop loss es esa cosa que nos permite ir a la cama y dormir tranquilos. Es el perro guardián de la posición que permanece abierta en nuestra ausencia.

- **Take profit** es la herramienta que funciona de manera idéntica al stop loss, pero que en lugar de cortar las pérdidas cierra la orden cuando llegamos a la ganancia que hemos establecido.

Por ejemplo: precio de mercado del bitcoin 60.000, ajusto el take profit a 70.000 dólares, así que si sube a esa cifra el take profit cierra la orden sin mi intervención y hago 10.000 dólares de beneficio.

Stop loss y take profit sirven para proteger una posición cuando estamos comprometidos a hacer otra cosa y se recomiendan para los que hacen trading y no para los que sólo hacen compras simples.

- **Stop limit y take profit limit** personalmente yo no los utilizo.

Tienen como diferencia el hecho de que, además de insertar el precio de stop, hay que insertar también el precio limit.

¿Qué significa esto? En el stop loss si el precio cae por debajo de un cierto umbral el stop vende, en el stop limit, si el precio cae por debajo del umbral establecido él me va a una orden limit, obviamente tenemos que insertar también el límite precio al cual insertar la orden.

Ejemplo: introduzco una orden de compra, el precio de stop debe ser más alto que el precio actual y es una orden que en la práctica le dice al exchange que si el precio llega por encima de un determinado precio debe emitir una orden de compra a mi precio, que es el precio límite. Este fue el ejemplo para la orden de la compra.

Para la venta: si el precio cae por debajo de un determinado umbral voy a poner una orden de venta al precio que he establecido previamente que es el precio límite.

Como dije antes, yo personalmente casi nunca los uso. En cambio, prefiero utilizar los clásicos stop loss y take profit.

Stop limit en mi opinión tiene sentido si lo voy a establecer por encima de una resistencia de precio de modo que, si el precio llega tan lejos, entonces coloca la orden en el precio de la resistencia. De esa manera tendría sentido.

- **Guardar posición**, sirve para añadir margen en caso de posición de apalancamiento, lo que por el momento desaconsejaría fuertemente a los principiantes.

6) Plataforma Pro y compra criptomoneda.

Luego está la interfaz "**Pro**", finalmente la de los **traders avanzados**, a la que se accede haciendo clic en el pequeño icono que representa un gráfico en el menú superior. En mi opinión, la interfaz Pro es mucho más inmediata e intuitiva que la interfaz tradicional.

Se entra así en el **templo** del trading.

Fondo de pantalla negro, gráfico central de velas, orderbook, medias móviles, RSI, bandas de Bollinger, Fibonacci... Aquí está todo lo que sirve para hacer el trading e incluso más: una plataforma completa.

El sitio se llamaba una vez Cripto Watch, básicamente fue adquirido por Kraken que construyó sobre él su plataforma pro.

- Todas las cosas que hemos visto antes sobre la "pro" se pueden aplicar **sin desplazarse** a otro lugar y sobre todo teniendo en cuenta el **gráfico** de precios y volúmenes.

- Para operar debe elegir el **par de monedas** sobre las que desea comprar o vender, la elección del par de monedas se puede colocar en los favoritos haciendo clic en la estrella para que siempre sobresalga en las monedas favoritas.
- Se puede elegir el **time frame**, es decir, el horizonte temporal en el que se quiere analizar las variaciones de precios: de pocos minutos a años.
- Se pueden insertar algunos indicadores y osciladores de análisis técnico.
- Se puede elegir los tipos de velas para representar la evolución de los mercados, gráficos de barras, líneas, etc.
- Es muy personalizable: se pueden insertar dibujos, líneas y cuadros de texto, en resumen, se va a configurar realmente como nos gusta más.
- Además es visible la depth chart, es decir, el gráfico visual de cuánto en el order book está en oferta y en la demanda de la moneda que estamos observando.
- Luego tenemos el propio orderbook y la lista de trades ejecutados.
- A la derecha tenemos el panel de las ordenes que es muy compacto, muy simple: o compras o vendes y el tipo de orden.
- Finalmente debajo tenemos cantidad, precio y todos los campos que hemos visto antes: market, limit, stop loss, etc. (de los cuales les invito a releer su funcionamiento en las páginas anteriores), pero todos compactados en una sola caja.

A mi personalmente la plataforma Pro me parece mucho más cómoda. No hay nada más y nada menos que lo que vimos antes en la plataforma tradicional. Sólo cambia la disposición y la gráfica.

El apalancamiento en este caso es un slider que fluye desde 1x hasta 5x.

Por supuesto, las comisiones son exactamente las mismas, sólo cambia la interfaz gráfica.

7) Los Futures

En caso de que los expertos en trading quieran optar por una operación más especulativa, como les decía antes, es aconsejable, en comparación con el uso de los margin trading spot, utilizar "Kraken futures". Hay un apalancamiento de hasta 50x, con comisiones mucho más bajas y una mayor liquidez.

Para acceder desde la página "pagos", hagan clic en "saldo de cuenta", y luego hagan clic en "futures trading". Los redirigirá a Kraken futures que tiene una interfaz muy similar a la pro. Para iniciar sesión pueden utilizar la misma cuenta que utilizan en la plataforma de negociación, no necesitan crear otra.

El primer punto importante a **entender** es **cómo funcionan los futures y cuál es la diferencia**.

Los futures que se encuentran en Kraken son los llamados "**inverse perpetual**".

Inverse significa que utilizan como garantía no la moneda estable dólar USDT (véase el capítulo siguiente), sino otra moneda, por ejemplo: bitcoin/dólar tiene como garantía bitcoin.

Perpetual significa que son los derivados sin

vencimiento, por lo tanto los futures que no vencen, pero tienen el llamado *"funding"* que los mantiene enganchados al precio del subyacente.

¿Cómo funciona? Cada hora se paga de long a short o viceversa esta tarifa de *funding*, si la tarifa es positiva significa que los long pagan los short si es negativa los short pagan los long. Esto para mantener enganchado el precio de perpetual al subyacente.

Una vez que entiendan esto deben depositar bitcoin si quieren operar en bitcoin/dólar, ethereum si quieren operar en ethereum/dólar, etcétera, etcétera.

Pero como ya les he dicho no son cosas para principiantes, aquellos que quieren operar con margin trading y futures deben haber adquirido sobre el terreno una experiencia más que buena, porque aquí los errores se pagan muy caro.

Existe, sin embargo, en el sitio una cuenta de demostración para aquellos que quieren practicar.

8) El Staking

El staking es muy interesante para aquellos que quieren **rentabilizar** un poco los crypto que no utilizan. Básicamente se mantienen vinculadas a las coin para obtener una **recompensa**, es muy beneficioso y se le paga por no hacer nada.

¿Bonito verdad?

Es como cuando, hace años, los bancos te daban intereses para mantener el dinero en la cuenta, mientras que ahora somos los corredores que de hecho tenemos que pagar a los bancos para que se queden el dinero.

Hagan clic en el menú superior "staking", se abrirá la

página con las monedas que se pueden rentabilizar.

Para hacer staking es muy simple, sólo tienen que introducir la suma que quieren vincular en esta cuenta staking y dar confirmación. La suma puesta en staking se deduce de la cuenta spot y se introduce en la cuenta staking.

Para liberarlos es exactamente lo mismo al revés.

Es muy simple, cero comisiones y es muy cómodo para aquellos que quieren obtener una renta de las monedas que no utiliza.

Los porcentajes de renta son buenos y varían según la moneda y el plan de staking elegido.

...

Para concluir esta presentación les recomiendo que hagan mucha práctica, **primero sin terminar las órdenes de compra y de venta**, pero con un registro escrito en una hoja de excel o en una agenda. Cuando se sientan lo suficientemente seguros, traten de hacer algunas ordenes de unos pocos dólares para ver si han entendido cómo funciona y si las cosas salen como deberían. Después de eso, en cuestión de días, las cosas fluirán y se irán más lejos. Recuerden que las reglas y métodos anteriores, una vez que se han aprendido, son válidos en la mayoría de los exchange.

Regla n. 6: "Cuando aprendes a andar en bicicleta, sabes hacerlo con todas las bicicletas".

Exchange hay muchos en el mundo, pero recuerden que en el primer lugar siempre deben estar su seguridad y su capital.

Más vale prevenir que curar.

CAPÍTULO 7
La Stable Coin

Sería divertido y emocionante hacer la comprar pagando en bitcoin.

Si no fuese que desde que salieron de casa, aparcaron el coche, llenaron el carrito de los estantes, hicieron fila en la caja, el precio del bitcoin ha cambiado tantas veces que, tal vez, frente a la cajera, su cerveza cuesta el doble o la mitad que cuando salieron de casa.

Este es el problema debido a la volatilidad del activo.

Hay un segundo factor importante a tener en cuenta: ¿Qué incentivo tengo para pagar un café con bitcoin si sé que es un activo que aumenta de valor con el tiempo?

Bitcoin es una reserva de valor.

¿Pagarían el café con oro?

También por este motivo se han inventado las stables coin.

La stable coin es una moneda digital, al igual que laz demas criptomonedas y como su nombre dice tiene un valor constante. No se devalúa y no aumenta de precio: permanece constante.

En efecto, para poder operar en los exchange es necesario efectuar el cambio de la propia moneda fiat (dólar, libra esterlina, euro...) con una stable coin. Con esta stable coin entonces pueden comprar criptomonedas.

Se podría decir que la stable coin es la moneda que da el acceso para operar en los mercados de criptomonedas.

No es emitida por ningún organismo gubernamental, es creada digitalmente en un blockchain por la compañía que la emite.

Pregunta: ¿será segura?

El valor de una moneda no puede aparecer de la nada como por arte de magia, de lo contrario cada uno de nosotros podría levantarse por la mañana y vender la moneda que soñaba crear durante la noche. ¿Qué valor tendría y, sobre todo, quién estaría dispuesto a comprarla?

Las stables coin están vinculadas a un bien de valor, un activo o a otra moneda.

Para garantizar una stable coin, la compañía emisora debería depositar un valor correspondiente a las monedas que pone en circulación con una relación de 1 a 1.

Ejemplo: 1 millón de stable coin = un millón de dólares depositados como garantía.

7.1 Ejemplos de stable coin

De stable coin existen muchas, cada una con sus características: centralizadas y descentralizadas, algunas reglamentadas otras no, algunas seguras otras menos.

Veamos juntos las más capitalizadas, por lo tanto las más importantes.

Las evaluaremos teniendo en cuenta la utilidad y los riesgos de cada una.

- **USDT Tether**

   Es la más antigua y utilizada, pero también la más discutida.

   Tether vio la luz en 2015, actualmente tiene una capitalización de alrededor de 59 mil millones de dólares y está en constante crecimiento.

Es centralizada y, como garantía subyacente, está vinculada al dólar estadounidense. En teoría tendría una relación de 1 a 1, es decir, cada USDT emitido tendría como contravalor depositado un dólar americano.

En realidad, las cosas no siempre han sido así. La actitud evasiva de la compañía que emite Tether nunca ha permitido la certeza de poder verificar cuántos dólares estaban retenidos en depósitos garantizados en sus cuentas. La compañía se reserva la posibilidad de hacer reservas fraccionarias, al igual que lo hacen los bancos. Es decir, una parte líquida se mantiene firme en la cuenta de garantía y la otra, la más grande, se dedica a préstamos e inversiones.

Hasta hace poco se sabía de Tether USDT que una cuarta parte de la capitalización estaba depositada en cuentas de garantía.

Hay una disputa en curso con las autoridades federales estadounidenses para certificar su regulación y parece que están encontrando un acuerdo justo para todos.

A pesar de todo esto, USDT es la stable coin más utilizada y con mayor capitalización en la mayoría de las exchange.

Gran parte de su éxito se debe también al hecho de que con Tether se puede comprar y vender la mayor parte de las criptomonedas presentes en el mercado, mientras que con otras stable coin la posibilidad de intercambio es mucho más reducida.

- **TUSD TrueUSD**

  Año de nacimiento 2018, capitalización de mercado alrededor de 280 millones de dólares, es centralizada y está anclada al dólar americano. A diferencia de la anterior está regulada y la situación de la compañía que la emite es transparente. Es una stable coin más joven que Tether pero prometedora porque tiene todas las cartas en regla.

- **PAX Paxos Standard**

  Año de nacimiento 2018, capitalización de mercado alrededor de 800 millones de dólares, además de ser centralizada, es reglamentada, aprobada y sostenida por el departamento de los servicios financieros de la bolsa de Nueva York.

  Lo que tal vez si por un lado le hace ganar confianza y reputación, por otro, en el mundo relativamente libre de criptomonedas, no la hace despegar precisamente por esta razón.

- **DAI Maker Dao**

  Año de nacimiento 2017, capitalización de mercado alrededor de 91 millones de dólares, es **descentralizada** y nace precisamente para ser contracorriente, para ser desligada de las monedas tradicionales y no someterse a las autoridades financieras.

  DAI Maker Dao vive y prospera en la Blockchain de Ethereum y mantiene la estabilidad gracias a su Smart contract.

  Como aspecto positivo tiene de su parte la descentralización, por el contrario, el hecho de tener un software que lo gobierna la hace más volátil que las demás y potencialmente susceptible a ataques informáticos.

De stable coin existen muchas otras, cada una con sus peculiaridades. Pero mi tarea aquí no es hacer la lista y las descripciones de todas las stable coins en circulación, para eso pueden ir tranquilamente al sitio de coin market cap que lista todas las criptomonedas, incluyendo las stable coin. Ofrece las principales características, la cotización actual y la capitalización de mercado.

Mi intervención tiende a hacer comprender lo que son las stable coin, por qué existen, para qué sirven y por qué nos interesan.

No puedo decirles cuál usar para operar en los mercados. Personalmente puedo comentar que generalmente uso las dos primeras: TUSD y USDT. La primera por las garantías que ofrece y la segunda, a pesar de ser muy conversada, por las numerosas posibilidades de par que ofrece para hacer trading y porque es aceptada en la mayoría de los exchange.

Pero a cada uno su elección.

CAPÍTULO 8
El enemigo n. 1 de todos los traders: "la Emotividad" - Cómo ganar FOMO Y Panic Sell

Emotividad: ninguno es inmune.

Somos seres humanos, la emoción es parte de nosotros, de manera indisoluble.

La emoción es importante y es la forma en que los seres humanos reaccionamos psíquica y somáticamente al entorno que nos rodea. La emoción es lo que nos hace reaccionar repentina y bruscamente ante una situación. Si las reacciones son proporcionales al estímulo pueden definirse normales, lo que significa que actuamos **en favor de nosotros mismos**. Pero si las reacciones son desproporcionadas, inadecuadas, excesivas por intensidad y duración entonces, más allá del concepto de normalidad, las reacciones puestas en práctica podrían estar **en contra de nosotros mismos**.

Por ejemplo, un sentimiento de ternura hacia un cachorro que nos mira desde detrás de las rejas de una perrera puede llevarnos a hacer una donación para una asociación que se ocupa de los animales sin familia. El beneficio para nosotros será un consiguiente estado de bienestar psicofísico por haber hecho el bien y por habernos activado en esta campaña de apoyo.

Hagan el ejemplo contrario.

Supongamos que conducimos un coche, en un cruce no se nos da la prioridad que nos corresponde, la cólera nos impulsa a insultar primero y a perseguir luego al indisciplinado automovilista que, por miedo o por sabiduría, no quiere detenerse. La ira sube durante todo el tiempo de la persecución en la que tocamos posiblemente hasta que el otro se detiene y luego, una vez que baje, le damos puñetazos hasta que se desmaya.

Es un ejemplo extremo, lo sé, pero tiene todas las características necesarias para demostrar que es desproporcionado, inadecuado, excesivo, duradero, intenso.

En el trading no hay necesidad de ser tan extremo. Pongamos el ejemplo de un trader novato que, después de confiar en los **rumores** que circulan en las redes sociales, entra con una compra de 1.000 dólares en bitcoin, pero ha elegido el **momento equivocado** para entrar, es demasiado tarde, ahora el pump está agotado. Comienza el sell off de todos los que han comprado bajo y han llegado al punto de ganancia que habían establecido en el ingreso (take profit).

Cuando hay una venta masiva, especialmente cerca de una cifra clave o psicológica, 30.000 o 40.000 por ejemplo, mirando el gráfico con un marco de tiempo estrecho, parece que el mercado se derrumba como si no hubiera un mañana.

Cuando se está perdiendo dinero, que tal vez no podía permitirse perder, infringiendo una de las reglas básicas del trader de éxito, la emoción puede hacer una mala pasada.

Nuestro desafortunado amigo se da cuenta de repente de que olvidó poner un stop loss que lo proteja.

¡Está entrando en pánico!

El miedo a perder dinero lo inmoviliza porque no sabe qué hacer. Así que va a las salas de chat de las redes sociales, las mismas de las que sacó la mala información para el punto de entrada de la compra, y sólo conoce a gente desesperada, como él, que busca un punto de apoyo para no ahogarse en sus emociones. El primero escribe: "yo vendo todo" recibe el mismo efecto que una sala llena de gente de un cine donde alguien grita: "¡al fuego!".

Y El "¡Salvese quien pueda!".

Cuando huye, huye general nuestro desafortunado, preso del pánico, sigue a la manada en fuga y vende al precio desgarrado del momento para intentar contener las enormes pérdidas.

Una catastrofe!

Les aseguro que estas dinámicas ocurren todos los días, pero sólo a aquellos que no se protegen con el mindset correcto y una estrategia adecuada de gestión del riesgo.

Regla n. 7: "Nunca te dejes montar por las emociones"

8.1 Las emociones son muy importantes

En las emociones lo que hace la verdadera diferencia es entre **vivirlas y sufrirlas.**

Vivir las emociones permite ser **libres** de sentir afecto, de amar, de alegrarse, de ser los capitanes de la propia nave.

Sufrir las emociones nos hace **esclavos** de ellas, haciendo cosas que en un estado de lucidez nunca se habrían hecho. Justificarse después de hacer algo sin sentido con un: "fue más fuerte que yo".

Alternativamente algunos utilizan sólo la **lógica** como estrella polar, cayendo, en mi opinión, en el truco opuesto, el de convertirse en una calculadora sin ninguna emoción. Preso de la frialdad que marchita el corazón, sin poesía en la vida.

Entonces, ¿cuál es la solución?

Hay una frase que me encanta, es de un sabio indio que dice así:

"No te obstines en buscar la solución, si encuentras el equilibrio él será la solución".

Incluso un trader exitoso puede equivocarse en un entry point y olvidar un stop loss.

- Pero si invirtió habrá hecho su análisis fundamental con cuidado y con conocimiento de causa.
- Si ha invertido es porque cree, no porque sólo lo han sugerido en las redes sociales.
- Si ve que el mercado se derrumba en primer lugar mantiene la calma, permanece lúcido, retoma en la mano sus gráficos de análisis técnico en los que ha marcado claramente los soportes y las resistencias de la moneda, analiza la tendencia e intenta releer las señales. Con buena aproximación puede intentar predecir los niveles posibles en los que puede bajar el precio y se mantendrá listo.
- Cuando las señales de una inversión de la tendencia sean claras, en lugar de vender, comprará. Comprará tan bajo que transformará este evento, traumático para algunos, en un gran beneficio cuando la moneda suba. Porque si el proyecto es bueno, lo más probable es que vuelva a subir, es sólo cuestión de tiempo.

Mientras no se venda no hay pérdida, es sólo una

diferencia de precio entre la cifra a la que has comprado y el precio actual del mercado. **La pérdida se considera una "pérdida" cuando el activo es vendido.** Antes de eso se habla de pérdida no realizada.

Regla n. 8: La verdadera pérdida se materializa cuando se vende.

8.2 Perder la lucidez

En el trader que pierde la lucidez emocional pueden desencadenar inconscientemente tres tipos de opciones:

1. La **"Fear Of Missing Out"**
2. El **"Panic sell"**.
3. La **"fe ciega"**.

8.2.1 Como funciona la "Fear Of Missing Out"

Esto es lo que sucede en la secuencia exacta:

1. El **precio** de la criptomoneda **aumenta repentinamente**.
2. Tras el aumento una **multitud** de compradores son **atraídos** por la posibilidad de **ganar**, entran con sus compras, causando un **aumento parabólico del precio**.
3. **La subida** del precio **termina** cuando la mayoría de los inversores, **que ya estaban dentro antes de la pump, venden** para cobrar sus beneficios (take profit) y el precio por lo tanto **cae vertiginosamente** arrastrando en la venta incluso los "buyers" que apenas entraron. Los que quedan peor son, por supuesto, los últimos en comprar

porque, además, también lo hicieron al precio más alto.

Cuando un evento hace estallar literalmente el precio de una moneda, incluso del 100, del 200% e incluso más, se insinúa la así llamada **"Fear Of Missing Out"**, es decir, el miedo de "perder el tren"de perder una oportunidad en la que todo el mundo parece estar celebrando y disfrutando excepto los que se quedaron fuera.

Normalmente son las **redes sociales** las que alimentan estos eventos, los precios se mueven porque desencadenan una sobredosis de **confianza**, como cuando Elon Musk declaró haber invertido mil millones y medio de dólares en bitcoin con su compañía de producción de coches eléctricos.

O incluso con fake news difundidas por arte, para el beneficio de unos pocos que roban el dinero de tantos.

El fuerte riesgo es el entrar tarde, comprar cuando el precio está en su máximo relativo y comienza la inversión debido al desencadenamiento de los vendedores que han cumplido su objetivo y venden arrastrando abajo el precio en picado.

El resultado para el trader emocional de la **Fear Of Missing Out** es un **"buy high, sell low"**, el opuesto exacto de lo que la biblia del trader ordena hacer. Si no vende se encontrará con el activo quizás más de la mitad o peor con un puñado de moscas en la mano si el proyecto de la criptomoneda no es sólido, porque muy difícilmente podrá revisar el precio al nivel alcanzado durante el pump. Y si se vende tendrá que resignarse a la pérdida sufrida realizada por el buy high, sell low**.**

8.2.2 Cómo no caer víctimas de la "Fear Of Missing Out"

Para no ser presa de este rapaz siempre listo para golpear, aquí está la estrategia de un trader jugador de ajedrez:

1. Primero que todo, atenerse siempre a la regla madre del justo mindset: "**No dejarse montar por la emoción**". Las riendas están en sus manos, manténgan la claridad.

2. Ser concientes que el precio de una moneda no **puede subir** parabólicamente de manera constante para **siempre**. A un repentino aumento parabólico del precio siempre le corresponde una corrección. Mayor y repentino fue el aumento, igual que lo será en la corrección. Generalmente sigue una fase de acumulación y distribución dependiendo de si el precio vuelve a subir o bajar.

3. **Nunca comprar** cuando el precio se encuentra en sus **máximos relativos**, es mejor esperar la corrección, siempre que haya una saludable y válida razón para un nuevo aumento de precio.

4. Asegurarse de que el aumento de precios no se debe a un "**pump and dump**", es decir, una verdadera **manipulación** del mercado por parte de grandes inversores.

   En esencia se debe evitar seguir el rebaño de ovejas que se deja manipular. Un buen **nivel de entrada** podría ser el **50% de la corrección del pico máximo**.

8.3 El "Panic sell"

En el panic sell este es el proceso que ocurre en la secuencia exacta:

1. El precio de la criptomoneda **cae repentinamente**.
2. A raíz de la caída de muchos traders venden a su vez causando, con sus ventas, una **caída vertical** del precio.
3. La caída del precio termina cuando el precio alcanza un nivel tal de cegar a los compradores **que entran y compran al precio de los saldos**. Estas compras aumentarán **de nuevo el precio de mercado de la moneda** hasta que encuentre un **punto de equilibrio** y comenzará la fase de acumulación y distribución según el precio vuelva a subir o a bajar.
4. Los que terminaran más afectados obviamente son los últimos que han vendido porque, entre otras cosas, lo han hecho incluso al precio más bajo.

Es **justo lo contrario del miedo a perder el tren** de una oportunidad irrenunciable.

En los mercados **a la baja**, llamados **bearish**, cuando se desencadena la venta generalizada, el trader emocional se deja **arrastrar** y vende por **miedo** a que los precios se derrumben del todo, para no encontrarse con el valor de la moneda cero. Tal vez había hecho un cuidadoso estudio antes de invertir, teniendo en cuenta un retorno de beneficios en el plazo de un mes. Si la compra se había hecho de manera sensata, de hecho permite a la emoción y al miedo perder de vista su horizonte temporal, olvidando así los puntos fuertes de su estrategia de inversión, concentrándose en cambio sólo en el corto plazo.

8.3.1 Cómo no caer víctimas del "Panic sell"

Para no ser presa de este miedo atávico siempre listo para golpear, aquí está la estrategia de un trader jugador de ajedrez:

1. Si la compra se ha hecho de manera **ponderada** y si sobre todo los requisitos para los que lo hemos hecho **todavía se cumplen**, entonces **no** hay razón para vender.

2. Es sin duda **mejor mantener una inversión válida**, incluso si están **depreciando algo en lugar de vender todo en pérdida**. Si el proyecto sigue siendo válido, puede remontarse de un momento a otro.

3. Recuerde siempre la regla n. 6, que la pérdida se considera tal cuando el activo se vende. Antes de eso, incluso si el precio es menor que el de compra se habla de **pérdidas no realizadas**. Manteniendo el activo podría subir e incluso funcionar mejor y más que antes.

   En los mercados bajistas la inversión de la tendencia es mucho más probable que en los alcistas.

8.4 La "fe ciega".

A veces puede ocurrir, especialmente en los inexpertos, que se cree en el nuevo trader una actitud de extrema confianza en los mercados en alza.

En los mercados llamados bullish, a pesar de que el

precio ha subido mucho, uno se siente tentado a entrar con la convicción de que el precio seguirá subiendo para siempre. Pero es un gran error. Es una especie de fe ciega que roza el fanatismo y que no tiene nada que ver con el cálculo de las probabilidades y el análisis del mercado con el que se deben tomar las decisiones de los entry point.

La dura ley del trading proveerá a hacer entrar en razon, después de las primeras consistentes pérdidas de dinero, a los que son afectados de extremo y ciego optimismo.

8.5 Resumiendo: "Cómo no ser vencido por la emoción"

1. Las emociones son importantes, la verdadera diferencia está entre **vivirlas y sufrirlas**.
2. Vivirlas permite ser **libres**, sufrirlas nos hace **esclavos** de ellas, ofuscan la mente y hacen cometer errores no sólo en la vida sino también en las inversiones.
3. Colocar las órdenes de compra y de venta siempre concentrados y con la máxima **lucidez.**
4. Evitar seguir al rebaño y recordar siempre que "¡**quien llega después, pierde**!" en cambio **vence quien anticipa el mercado.**
5. Buscar **información** y **análisis técnico** son los factores determinantes que nos ayudan a decidir cuándo entrar y cuándo salir.
6. Y si precisamente hemos perdido lo que consideramos que fue una gran oportunidad, hagamos una razón y **aceptemos** la situación. Esto

nos permitirá **concentrarnos** en la inversión y no en la venganza o la revancha.

Vive tu emoción sin ser dominado por ella, de lo contrario tus decisiones te llevarán a perder dinero y a arruinar tus inversiones.

CAPÍTULO 9
Entender cuando comprar y cuando vender

En el mundo del trading, sea cual sea el accionariado que de las criptomonedas oirán a menudo citar esta regla.

Regla n. 9: "Buy deep, sell high".

Es el mantra del trader.

Pero es sólo una idea.

Quien diga que se puede hacer es un tramposo.

Utópicamente hablando mejor aún sería "anticipar los mercados", pero la bola de cristal que funciona no la tiene ninguno, de lo contrario sería el soberano absoluto de la tierra.

Determinar un entry point o un exit point es sólo un cálculo de probabilidades, quien hace mejor las tareas, quien más se acerca, gana.

De técnicas hay muchas, no existe la mejor en absoluto porque además del **análisis técnico** hay que tener en cuenta muchos factores de **análisis fundamental**.

9.1 El análisis fundamental está hecho de investigación, de información procedente de varias fuentes. Fuentes que deben ser lo más fiables posible. Fuentes seleccionadas que cada uno obtiene dónde y cómo puede.

Las variables que pueden afectar el valor de un activo y los precios de mercado son muchas. A veces las que salen a la luz son sólo la punta del iceberg de lo que veces permanece desconocido durante mucho tiempo.

Es como cuando una pareja se separa y se divorcia: a

veces las razones son evidentes y ante los ojos de todos, otras veces sucede un acontecimiento casi insignificante, que por sí solo nunca habría podido tener la fuerza para borrar una relación. Probablemente bajo las cenizas, en cambio, se escondían los detalles de una historia que hacía tiempo que ya no se mantenía en pie, pero que era desconocida a muchos, a veces incluso a los directos interesados.

Difícilmente la causa es una sola, siempre hay una serie de factores que contribuyen a determinar un acontecimiento específico, incluso en los mercados financieros.

El análisis fundamental es esto, el estudio de lo que sucede en el mercado y en el mundo en una perspectiva de previsión de precios, incluyendo el chisme.

Algunos académicos de los mercados financieros tal vez se estremecerán al leer que también he añadido el chisme. Pero, ¿cuántas veces una frase en una entrevista o un tweet de un personaje importante del mundo financiero, de un jefe de estado, de un ejecutivo de la Reserva Federal, ha actuado como un disparador en la variación de los precios?

Los mercados bursátiles están llenos de ejemplos.

Un gran magnate de las finanzas americanas, hace unos años declaró que bitcoin era veneno para ratones, causando no pocos condicionamientos negativos sobre quien lo conocía como el profeta de las finanzas.

Pero desde entonces hasta hoy, Bitcoin ha crecido más de 2.000%.

Siempre hagan sus evaluaciones y, sobre todo, elijan canales de información confiables, no sólo aquellos que le dicen sólo lo que le gustaría oír. Compárense también con otras opiniones distantes de la suya. La comparación es importante. Pero luego tomar sus propias consideraciones y tomar sus propias decisiones.

El análisis fundamental es un buen aliado, pero por sí solo no basta.

Un buen análisis fundamental no puede prescindir de un buen análisis técnico.

Así como un buen análisis técnico no puede dejar de tener en cuenta el análisis fundamental.

9.2 El análisis técnico, a diferencia del fundamental, no va de la búsqueda información. Todo lo que necesita son los gráficos. Las representaciones esquemáticas de la evolución de los precios de los mercados, que utiliza para el "**market action**". Sus objetivos son estudiar los movimientos de mercado para **predecir** las tendencias de los precios.

En el "**market action**" que algunos llaman incorrectamente "**price action**" se tienen en cuenta tres factores fundamentales:

- **Precios**
- **Volumenés**
- **Open interest**

El **precio** es el resultado directo de todos los factores.

Los **volúmenes** indican la cantidad de las compras o ventas del valor considerado. Indican el "**sentiment**" del mercado en relación a la tendencia de los precios e identifican el humor de los inversores.

Analizando **los volúmenes** de un título se puede entender la fuerza de la tendencia.

Cuando los **volúmenes crecen** significa que aumenta el interés por el título y esta tendencia fuerte tiene buenas posibilidades de continuar.

Si los **volúmenes bajan** se tiene una disminución del interés hacia el título, si la tendencia es débil no continuará para su dirección y podría haber una inversión de tendencia.

Los volúmenes son muy importantes y es un gran error no tenerlos en cuenta.

El **open interest** observa si en el mercado en observación está **entrando o saliendo dinero**. Si **sube** durante la fase de una tendencia alcista esto es una señal de confirmación y **fuerza**; si el open interest **baja** es una señal de **indecisión** y una probable inversión de la tendencia de precios. Una **repentina escasez** de interés abierto para un activo es una señal de que la tendencia a corto plazo **podría agotarse** porque los inversores están cerrando todas sus posiciones y que tendrán que esperar una inversión.

...

Con estos dos instrumentos esenciales: análisis fundamental y análisis técnico, se puede llegar a cualquier lugar en todos los mercados financieros, no sólo el de las criptomonedas.

Normalmente, las personas curiosas por su naturaleza se ven favorecidas en el análisis fundamental, mientras que las más analíticas lo son en el análisis técnico.

Si queremos hacer una comparación con el mundo académico el análisis fundamental es una materia de estudios **humanistas**, mientras que el análisis técnico es una materia **científica**.

El trader evolucionado ya habrá entendido por sí mismo que el estudio y la profundización de estas dos disciplinas son una verdadera **inversión** en sí mismo, que con el tiempo podría realmente hacer la diferencia y hacerlo rico y libre de verdad.

Me ocuparé en uno de mis próximos libros en preparación de tratar de manera sencilla y completa estos dos indispensables instrumentos. Si están interesados traten de hacer una búsqueda por autor para ver si mientras tanto se han publicado.

CAPÍTULO 10
Aplicar una estrategia ganadora

A la luz de los temas tratados hasta ahora, finalmente pueden identificar y elegir su propia estrategia ganadora.

Personal porque no existe una que sea buena para todos, sino que debe adaptarse a cada uno de los traders/inversores.

De una manera muy simple y esquemática lo evaluamos juntos.

A cada entrada enumerada corresponden letras, después del signo de "=" encontraran la operatividad recomendada a seguir. A ustedes les corresponde la tarea de elegir por si mismos entre las respuestas la letra que les convenga.

1. **Conocimiento del trading/inversiones**

   a) ningún conocimiento = invertir en formación

   b) conocimiento medio = invertir lo mismo en la formación

2. **Experiencia en el trading/inversiones**

   a) ninguna experiencia = evitar hacer trading por el momento, dedicarse al holding activo con los planes de acumulación

   b) poca experiencia = operatividad de trend follower*, que sólo tiene en cuenta la tendencia de los precios del mercado

   c) buena experiencia = operatividad mixta

   d) experiencia alta = operatividad mixta + hedge con derivados (sólo si se tiene un amplio conocimiento de la materia)

3. **Perfil emocional**

   a) son personas ansiosas = crear el mindset adecuado (ver cap. 3) + dedicarse al holding activo con los planes de acumulación + evaluar la operatividad con time frame de amplio alcance

   b) son personas calmadas = crear el mindset adecuado (ver cap. 3) + operación mixta En el Capítulo 6, con respecto a la emotividad, ya hemos dado amplio espacio a este tema fundamental que les recomiendo volver a leer.

4. **Tiempo disponible**

   a) poco tiempo disponible = evitar hacer trading por el momento, dedicarse al holding activo con los planes de acumulación

   b) tiempo medio disponible = operatividad de trend follower + operatividad mixta

   c) mucho tiempo disponible = operatividad de trend follower + operatividad mixta

5. **Conocimiento de los instrumentos**

   - Analisis fundamental

   a) ningún conocimiento = evitar hacer trading por el momento, dedicarse al holding activo con los planes de acumulación

   b) poco conocimiento = evitar hacer trading por el momento, dedicarse al holding activo con los planes de acumulación

   c) buen conocimiento = operatividad de trend follower + operatividad mixta

   - Analisis tecnico

a) ningun conocimiento = evitar hacer trading por el momento, dedicarse al holding activo con los planes de acumulación

b) poco conocimiento = operatividad de trend follower

c) buen conocimiento = operatividad de trend follower + operatividad mixta

6. **Capital disponible**

a) poco capital = holding activo con los planes de acumulación

b) capital medio = holding activo con los planes de acumulación + operatividad trend follower + operatividad mixta

c) mucho capital = holding activo con los planes de acumulación + operatividad mixta + hedge con los derivados (sólo si se tiene un amplio conocimiento de la materia)

10.1 Trend follower*

"Trend is your friend" se dice en el sector. Básicamente se trata de entrar en el mercado donde hay señales que dicen que está naciendo un trend, un movimiento expansivo. Ya sea alcista o bajista no nos importa porque abre posiciones tanto long como short. Vayan a buscar las trend porque son las situaciones óptimas para obtener ganancias.

El indicador principal del trend es la **trendline** del gráfico, que ya por sí solo nos indica inequívocamente la dirección de la corriente de los flujos de dinero. Otros indicadores útiles son: las medias móviles, los canales de donchian, el ROC y el ADX que van , sin embargo, vistas en un contexto de análisis técnico.

Estos son los requisitos que deben cumplir para empezar a hacer trend follower:

1. Reconocer las trend
2. Identificar el trend y seguirlo
3. Encontrar los máximos y mínimos del trend
4. Saber reconocer los retrocesos, llamados también correcciones
5. Trazar las trendlines

...

Ahora vamos a entrar en el detalle de cada entrada numerada.

10.1.2 Conocimiento del trading/inversiones

"Sé que no lo sé" es la sabia y humilde actitud interior de quien se dispone a aprender una materia que le es desconocida o que no conoce a fondo.

Al tratarse de capitales, también aquí, es mejor que en otros lugares que es necesario invertir en la propia formación.

10.1.3 Cómo hacer experiencia en el trading

Como cada uno de nosotros sabe, la experiencia se adquiere con la práctica, por lo que aquí tienen cómo obtener experiencia en el menor tiempo posible.

- La teoría por sí sola no es suficiente
- Hacer mucho trading simulado en las cuentas de demostración disponibles en los exchange, o simular la operatividad con un registro escrito en una agenda o una hoja de excel.

- El trading simulado en cuentas de demostración sirve para empezar a tomar confianza con la plataforma, pero no nos protege de la emoción de arriesgar nuestro dinero. Se necesita dinero de verdad para educar la propia emotividad, se necesita arriesgarse por su cuenta, se necesita capital real.
- Capital bajo inicialmente para limitar las pérdidas.
- Aumentar el capital junto con el aumento de la experiencia.
- Intentar, intentar, intentar.

10.1.4 Perfil emocional

Como decíamos, la emotividad es lo que nos hace reaccionar repentina y bruscamente ante una situación, si la sufrimos se pierde la lucidez necesaria y el miedo impide tomar decisiones sensatas. En cuanto a la emotividad, ya hemos dado amplio espacio, en el **capítulo 6**, a este tema fundamental que les aconsejo releer.

10.1.5 Tiempo disponible

Cuantificar el tiempo disponible para la operatividad es importante, ya que permite comprender el compromiso al que se dirige. Cada uno, en función de su tiempo disponible y de sus objetivos, hace sus elecciones con respecto a su estrategia ganadora. No subestime la variable "tiempo". Cuanto más tiempo se dispone, más tiempo se puede permitir una mayor presencia en los mercados, pero mayor será también el estrés al que se somete.

Con time frame semanales se mantiene un enfoque **"simple y relajado"**.

Con time frame horarios o diarios hay necesidad de más presencia en los mercados.

10.1.6 Conocimiento de los instrumentos

Análisis fundamental y análisis técnico son los instrumentos esenciales con los que se puede llegar en cualquier lugar en todos los mercados financieros, no sólo el de las criptomonedas.

Estas dos disciplinas son una verdadera inversión en sí mismos. Con el tiempo realmente marcan la diferencia y hacen al trader que invierta en su formación rica y libre realmente.

10.1.7 Capital disponible

El trading simulado en las cuentas de demostración disponibles por algunos exchange son muy útiles. Sirven para familiarizarse con la plataforma. Pero el efecto que se genera es como el juego del Monopoly: comprar y vender hoteles y empresas con dinero falso implica la emoción del jugador sólo en una minúscula parte. Imagínense el estado emocional de aquellos que realmente están a punto de sacar dinero de sus bolsillos para comprar la compañía de electricidad... ¿Me he explicado bien?

Después de practicar con las cuentas de demostración es necesario elevar el nivel y utilizar dinero real, poco al principio, pero real. Sólo así se podrá probar los efectos de la propia emotividad y entender cómo es mejor actuar.

Se necesita dinero real para educar sus emociones.

Se necesita capital real.

Inicialmente bajo para limitar las posibles pérdidas, aumentándolo a la par con el aumento de la experiencia.

...

Regla n. 10: "La estrategia indica la dirección"

A cada uno le corresponde identificar su propia estrategia ganadora personal.

Buscando su ubicación dentro de los perfiles de operatividad listados anteriormente debe haber encontrado su ubicación. Con la que se identifican mejor, o al menos les hace sentir que están en el camino correcto para tener su estrategia ganadora.

CAPÍTULO 11
Poner a rendir las criptomonedas

A veces es una pena ver quietas e inoperativas en el monedero sus propias criptomonedas. Existen muchas maneras de poner en rendición pasiva las coin que no se utilizan. Pero la mayoría de las veces significa entregar las llaves privadas de nuestro pequeño tesoro en manos de **extraños**. Por lo tanto, lo primero que hay que hacer es un análisis preciso para **informarse** bien sobre la **fiabilidad** de estas plataformas de servicios financieros. Poniendo sus monedas en las manos equivocadas existe el riesgo de perderlas todas.

Por rendición pasiva se entiende que los criptos se depositan en una plataforma de terceros durante un período de tiempo determinado durante el cual se reciben los intereses.

De hecho, muchas de estas plataformas realizan un verdadero servicio bancario, hasta el punto de que se han ganado el título de "bancos del futuro". En efecto, quien deposita recibe los intereses y quien obtiene los préstamos los paga. Todo de una manera muy smart y rápida.

Pero veamos cuáles deberían ser los criterios de selección y las características de una plataforma que ofrece este servicio. Aquí están en orden de importancia:

1. Seguridad
2. Rentabilidad ofrecido
3. Comisiones aplicadas y coste del servicio
4. Numerosidad de criptomonedas aceptadas

5. Facilidad de uso
6. Número de usuarios
7. Plataformas centralizadas y descentralizadas

...

No quiero hacer publicidad de ninguna plataforma pero puedo decirles cuáles son, punto por punto, todas las características de las que están en el top de la calidad. Y que deben buscar si quieren aprovechar esta oportunidad para obtener ingresos pasivos de sus criptos que no utiliza.

1) **Seguridad**

Este es el primer factor, el **determinante** que comanda la elección. Es inútil hacer negocios con una plataforma que te asigna el doble de los intereses de los demás si las sociedad que está detrás son veteranos de otros fracasos anteriores o implicados en acciones poco legales.

- Para analizar la plataforma de seguridad, hay que informarse sobre las empresas que son propietarias de la misma y que la gestionan. Las seguras suelen tener grandes y confiables nombres.

- Averiguar dónde se encuentra la sede. Para ser más seguras, las sedes deben estar en países donde las plataformas están reguladas, como en los Estados Unidos, donde las compañías de financiación están sujetas a normas muy estrictas.

- Quiénes son los inversores. Por lo general, se trata de empresas de renombre de la industria que han estado en el mercado durante mucho tiempo.

- Cuáles son las garantías que ofrecen sobre los depósitos. Las mejores ofrecen garantías completas de seguro: el reembolso total del capital depositado en caso de hacking o error de los empleados de la empresa que gestiona la plataforma.

2) **Rentabilidad ofrecida**: las mejores ofrecen no menos del 6% de interés en bitcoin, mientras que para las "stable coin" (Usdt, Usdc, etc.) entre 8 y 9%, y por último en Ethereum no menos del 5. Las rentabilidades se pagan mensualmente o semanalmente.

3) **Comisiones aplicadas y coste del servicio:** por lo general **no** requieren comisiones ni para el depósito, ni para el retiro, ni costos fijos para unirse a la plataforma.

4) **Numerosidad de criptomonedas aceptadas**: más amplia es la oferta de monedas aceptadas y más oportunidades hay para los usuarios.

5) **Facilidad de uso**: tanto el sistema propuesto como la interfaz de uso deben ser fáciles de entender y utilizar, tanto con un ordenador como sobre todo con un smartphone.

6) **Número de usuarios**: las mejores tienen una gran cantidad de usuarios. Algunos cientos de miles a algunos millones de usuarios activos.

7) **Plataformas centralizadas y descentralizadas**

Para este tema es necesario hacer una distinción, los servicios ofrecidos y las plataformas se dividen en dos categorías:

- **CeFi** (Centalized Finance)
- **Defi** (Decentralized Finance)

Ambas tienen por objeto proporcionar acceso a los mercados financieros y a los servicios financieros a las personas, pero no hay que confundirlos entre sí.

En la CeFi son las empresas las que gestionan el negocio y tienen poder absoluto sobre todas las decisiones. De hecho, realizan las operaciones de un banco: despositos y prestamos.

En la DeFi es el software insertado sobre una Blockchain, los "smart contract" que regulan el funcionamiento de estos sistemas de manera completamente automatizada, sin necesidad de presencia de seres humanos.

11.1 Ventajas y desventajas

Veamos esquemáticamente cuáles son las ventajas/desventajas mutuas entre las dos categorías.

- **Anonimato**
- En la **CeFi**, al ser las plataformas reglamentadas, no existe el anonimato.

  Para registrarse en la plataforma se utilizan los protocolos de reconocimiento KYC (Know Your Customer) y los protocolos AML contra el blanqueo de dinero (Anti Money Laudering)
- En la **DeFi** existe el anonimato.

El usuario no debe solicitar permiso para utilizar la plataforma, no hay entidades o estados que verifiquen o pueden censurar el protocolo DeFi.

- **Flexibilidad**
- Las plataformas **CeFi** son **flexibles**, se pueden depositar diferentes tipos de divisas, siendo una compañía que las gestiona tienen el apoyo de sus clientes, el seguro de los fondos depositados.
- En las plataformas **DeFi** no hay muchas opciones si cometes errores, no tienes a **nadie** a quien acudir, ni dinero para reclamar.

- **Seguridad**
- En las plataformas **CeFi**, el usuario deja a la empresa las llaves privadas y, por tanto, la posesión de los fondos a la plataforma.
- En las plataformas **Defi** las claves privadas y la posesión de los fondos está en manos **del usuario**.

- **Transparencia**
- Las plataformas **CeFi** son administradas por las compañías y las informaciones que filtran sobre su gestión son sólo las que las compañías quieren dar a conocer.
- En las plataformas **DeFi**, cada usuario puede ir a leer las operaciones que se realizan en la Blockchain a través de la aplicación dedicada.

- **Progreso e innovación**
- Las plataformas **CeFi** se preparan para convertirse en los bancos del futuro.
- Las plataformas **DeFi** siempre están buscando innovaciones y mejoras para aplicar a sus protocolos, con la consiguiente ventaja de que

toda la tecnología podrá beneficiarse de estas innovaciones tecnológicas.

¿Cómo funcionan?

El uso de las plataformas **CeFi** es **muy simple** y esta es la gran fuerza que ha hecho crecer de manera exponencial estos servicios.

El usuario medio es perfectamente capaz de abrir una cuenta, realizar un registro KYC, comprender el uso y los rendimientos a percibir, las comisiones a pagar.

Básicamente **deposita** sus criptos en la plataforma CeFi, como si estuviera haciendo un depósito en el banco. La sociedad posee sus propias criptomonedas y las utiliza para sus propios fines. El cliente recibe un interés sobre lo que ha depositado con frecuencia diaria, semanal, mensual, anual, según el plan que ha elegido.

El otro factor importante que hizo que estas plataformas crecieran desmesuradamente fue el hecho de que, en caso de **accidente**, interviniera **el seguro** de la plataforma para **cubrir cualquier eventualidad**, convenciendo así incluso a los más desconfiados de dejar sus monedas en custodia a las compañías.

Las plataformas **DeFi** por el contrario, **no son muy fáciles de usar**: sus protocolos son sustancialmente diferentes entre sí, así como las reglas de uso.

En una economía institucional, tradicionalmente lenta y embalsamada, estos sistemas nacen y prosperan no por las modas pasajeras, sino porque son fruto de verdaderas exigencias.

¿Cuáles son las razones?

- En los últimos años, el sistema bancario ha reducido prácticamente a cero los tipos de interés del dinero depositado por los ahorradores.
CeFi y DeFi ofrecen rendimientos potencialmente mucho más altos a sus usuarios.
- Actualmente, más de dos mil millones de personas no tienen acceso al crédito, ya que están excluidas de la brecha tecnológica existente en muchos países de África y Asia. Pero tienen acceso a un **smartphone** y ese dispositivo puede convertirse en un banco.
De hecho, se prevé que dentro de algunos años los principales usuarios de estos servicios serán ellos mismos, los que hoy son los más marginados económicamente.
La necesidad aguza el ingenio.

...

Regla n. 11: "Poner a rendir las coin no utilizadas"
A la luz de los temas que se ven en este capítulo se tiene un verdadero ejemplo de cómo hacer que el dinero trabaje para nosotros.

CAPÍTULO 12
Cómo asegurar cuentas y criptomonedas

Teniendo en cuenta su importancia, este tema fundamental debería haber sido el capítulo n. 1.

Pero si lo hubiera puesto entre las primeras páginas, ¿cómo habría podido mostrarles lo importante que es asegurar sus bitcoins?

Si antes no se eran conscientes del verdadero valor de un activo como bitcoin, ¿cómo podrían apreciar y dar el peso adecuado a su protección?

Para eso era la parte inicial del viaje que hicimos juntos.

Desde el comienzo del libro, capítulo tras capítulo, pasando por la historia de Satoshi y de blockchain, a la invención del dinero y de los bancos. Desde la necesidad de crear en nosotros el mindset correcto, necesario para hacer frente a un mercado poblado de toros y osos, a la capacidad de vencer la ansiedad y el pánico derivados del miedo a perder su dinero. Desde saber cuándo comprar o vender, hasta saber reconocer y utilizar la estrategia ganadora personal.

Yo soy de la idea que para apreciar realmente algo hay que conocerlo.

Y la experiencia me ha enseñado que cuanto más se la conoce, más se aprecia.

Algo de valor debe ser protegido y para poder se necesita saber cómo hacerlo.

Regla n. 12: "Asegurar cuentas y dispositivos"
El secreto es "prevenir".

Veamos juntos cuáles son, hasta hoy que escribo, los mejores sistemas para proteger bitcoin y criptomonedas.

12.1 Asegurar el ordenador

Como informático, les hago una lista, según mi experiencia personal, de los mandamientos a los que atenerse para poner en total seguridad su ordenador.

1. Utilizar un ordenador dedicado sólo para el trading.

   Lo que significa que sólo debe utilizarse para eso. No deben hacer más nada, ni leer el correo, ni navegar por los sitios web, ni las redes sociales. Nada más que para el trading.

   Hay ordenadores con sistemas operativos Linux a un costo muy bajo porque no necesitan gran potencia.

2. El sistema operativo sería preferible que no fuera el que tiene las ventanas. Debido a que es fácil presa de virus y malware que, una vez instalados, podrían robar los datos para acceder a su monedero o plataformas que utilizan para el trading y los hackers podrían robar las criptomonedas depositadas.

   Estadísticamente con los sistemas operativos Mac y Linux es mucho más raro ser hackeado. En el caso de que no pueda dejar de utilizar un ordenador con sistema operativo con las ventanas es imperativo que instale un antivirus fiable y de pago, constantemente actualizado, con el que proteger su presencia en la web cuando se conecta a sus plataformas de trading o de Cefi/Defi.

3. Es imperativo que para conectarse en línea utilicen siempre y sólo su propio ordenador.
   Nunca el de amigos, parientes y sobre todo **nunca** y repito **nunca internet point**.
4. Siempre utilicen su línea segura con el cable de red.
5. Si utilizan una línea **wifi**, asegúrense de que es sólo la suya y que está protegida con los últimos estándares de seguridad proporcionados por su operador de teléfono.
   La **contraseña** del wifi debe ser muy fuerte para limitar el riesgo de ser hackeado. Y sobre todo **nunca**, subrayo **nunca**, conectarse a wifi público o privado como los de un **bar** o un **hotel** para hacer trading. El **sniffing** de credenciales en estos lugares supera su imaginación.
   Cuando se encuentren en estos lugares, utilicen la conexión de datos de su operador telefónico.

12.2 Asegurar las tablets y smartphones

Les hago la lista, según mi experiencia, de los mandamientos a seguir para poner en total seguridad **tablets** y **smartphones**, algunos son muy similares a los precedentes pero, como decían los latinos "*repetita iuvant*" es decir, repetir las cosas ayuda a comprenderlas mejor.

1. Utilizar una tablet o un smartphone dedicado **sólo** para el trading.
   También aquí significa que no hay que hacer otra cosa, ni navegar por los sitios web, ni las redes sociales, sobre todo **nada de SMS (short message,**

mensajes de texto): en los teléfonos la mayoría de las trampas entran por la puerta de los SMS. Basta con tocar un link presente en un sms para iniciar el hackeo de su dispositivo.

Si no eres un actor famoso o una celebridad que busca tus fotos comprometedoras para chismes o chantajearte, entonces están buscando identidades y criptomonedas para robar.

Háganse un favor, usen uno solo para el trading. Instalen su monedero y las aplicaciones de las plataformas que utilizan y lo utilizan sólo para eso, **minimizando** así los riesgos.

2. Para conectarse en línea utilicen siempre y sólo su dispositivo.

   Nunca ponga **nunca** sus **credenciales**, ni las **llaves privadas** de sus criptomonedas en el dispositivo de otras personas, incluso si las conoce y juraría que puede poner su mano en el fuego por la confianza que siente por ellos. Podrían tener su dispositivo **infectado** y **no saberlo**.

3. Siempre utilicen su conexión de datos para conectarse a las plataformas de trading.

   Si utilizan una línea wifi, asegúrense de que es sólo la suya y que está protegida con los últimos estándares de seguridad proporcionados por su operador telefónico.

   La contraseña del wifi debe ser muy fuerte para limitar el riesgo de ser hackeado. Y sobre todo **nunca**, subrayo **nunca**, conectarse a wifi público o privado como los de un **bar** o un **hotel** para hacer trading. El **sniffing** de credenciales en estos lugares supera su imaginación.

Cuando se encuentren en estos lugares, utilicen la conexión de datos de su operador telefónico.

12.3 Asegurar todas las cuentas

Después de **asegurar** todos los dispositivos que utiliza para hacer su operatividad es de vital importancia **asegurar** <u>todas</u> **las cuentas**. Y cuando digo todos, me refiero a todos, **incluyendo el correo electrónico, las redes sociales, etc**. Esta es la lista de los mandamientos:

1. **Nunca** utilice las **mismas credenciales** en diferentes cuentas. Esto es un **imperativo**. Para cada cuenta se debe utilizar un usuario y una contraseña **diferente** de la otra.

   Hoy en día todavía hay gente que usa la misma contraseña para todas las cuentas, es aterrador. Más allá de la pereza, su pensamiento es más o menos esto: *"que tanto, no tengo nada que ocultar"*.

   No hay nada más equivocado.

   El problema no es que "qué tanto, no tengo nada que ocultar", sino el **robo de identidad** que puede resultar de un comportamiento tan perverso. El robo de identidad es uno de los delitos más apetecibles en la web. Traten de hablar con personas que lo han sufrido, del **infierno** que han tenido que atravesar para salir. Con su identidad y en su nombre pueden hacer cualquier cosa, el único límite es la imaginación. Podrán comprar, vender, estafar, abrir cuentas, solicitar financiación, acosar, dejar sus huellas en acciones criminales, etc., etc. Luego van y lo explican y llevan la evidencia a la corte que ustedes no lo hicieron...

2. **Eviten** como la peste exchange y plataformas que **no utilizan el sistema de identificación de dos factores**. Si tienen que poner su dinero en manos de esa gente empiezan mal en la salida. **La autenticación de dos factores con sms** sepan que es la más hackeable de todas.

Se presta al "**sim swap scam**". Básicamente, el hacker les envía un SMS con un enlace que tan pronto como se hace clic instala un virus que infecta su teléfono y clona su SIM. Con la tarjeta SIM clonada entra en la exchange sin pasar por el sistema de verificación de dos factores porque el SMS de verificación llega al hacker que entra en su cuenta de exchange y se lleva todo.

Así que haganse un favor: **No utilicen la verificación de dos factores con sms.**

3. Para el trading utilicen plataformas grandes y reconocidas, **reglamentadas** y reconocidas, que utilizan el acceso a dos factores distintos del de SMS. Que han estado en el mercado durante años, tienen grandes volúmenes de transacciones, de las que los usuarios hablan bien, tienen un buen cuidado del cliente, están asegurados en el hacking de la plataforma y ofrecen muchos servicios.

4. Si no utilizan las criptomonedas es preferible ponerlas offline en su wallet hardware que

dejarlas paradas en el exchange. O mejor ponerlas en **rendicion pasiva** en una plataforma CeFi/DeFi.

12.4 La elección del wallet

Según mi experiencia mantener sus bitcoins en un hardware wallet es el sistema más seguro. En este caso las claves privadas de las monedas nunca se muestran, lo que ocurre con el ordenador.

Cuando envío una transacción con el hardware wallet, firmo la transacción dentro del wallet y es él quien hace la operación en mi lugar. En el caso de que tenga un **wallet online** expongo mi clave privada a la web con el **riesgo** de que si mi ordenador tiene un malware o si mi conexión se intercepta, la clave privada se copie y se utilice para vaciar el wallet online.

Por lo tanto, es preferible utilizar hardware wallet en lugar de wallet online.

Para elegir un hardware wallet hay un montón de opciones, existen muchos, casi todos confiables.

Mis preferencias van para aquellos que no tienen ningún tipo de conectividad con el ordenador, ni siquiera usb y bluetooth, siempre para minimizar los riesgos. Así se expone menos y se maximiza seguridad.

En caso de que no quieran optar por un hardware wallet como segunda opción optarían por un **wallet mobile** en lugar de un wallet online en el que no tengo mucha confianza. Hay varios, incluso aquí se aplica el discurso que cuanto más se utilizan y longevos en el tiempo, más hablan bien los usuarios y son más fiables.

12.5 Gestionar la seguridad de las claves privadas y de la seed del hardware wallet

Como decía, creo que la mejor solución para conservar bitcoins es el hardware wallet.

Las **llaves privadas** vimos que son las que decretan la **posesión** de bitcoins.

El **seed** es un código, un conjunto de 12, 18 o 24 palabras sin un aparente sentido lógico, que sirven para **reiniciar** el wallet en caso de mal funcionamiento, rotura o pérdida del dispositivo.

He aquí un ejemplo de seed: *"book november eleven crop river twink game small feet mimic star super"*.

Si las llaves privadas deben estar a salvo, el seed debe estar aún más porque no nos puede permitir perderlo, de lo contrario en caso de fallo del wallet no se puede tener acceso a los fondos y se pierden para siempre. Si alguien encuentra el seed y sabe para qué sirve podrá tener acceso completo a todo el contenido del wallet.

Definitivamente **no** debe ser almacenado en su **ordenador**, ni siquiera en una carpeta oculta y ni siquiera en una carpeta encriptada. A menos que el ordenador no tenga acceso a Internet, esté desconectado de cualquier red y estemos seguros de que somos los únicos que lo usan.

Definitivamente **no** debe ser almacenado en la **nube** y en los servicios de almacenamiento de unidad y les ahorro las razones.

En mi experiencia, lo mejor que podemos hacer es **hacer más copias impresas** y **esconderlas**. No escriba nada más en la hoja de modo que, incluso si alguien lo encuentra no sabría para qué sirven todas esas palabras sin ningún hilo lógico.

12.6 "L'honey pot".
Les revelaré una potente estrategia de defensa offline.
Para ponerla en práctica se necesitan dos hardwares wallets. En el comercio hay algunos que utilizan como sistema de seguridad una "**passphrase**", en la práctica el wallet más allá de las 24 palabras del seed crea una vigésima quinta palabra.

En el wallet con el seed de 25 palabras se depositan todos los fondos, excepto 40 o 50 dólares que se ponen como cebo en el monedero con 24 palabras. Sobre el cual no fue creada la "passphrase".

Si por cualquier razón un hacker se entera de sus seed será capaz de entrar en el monedero con los 50 dólares, pensará que son unos pobres y no se le ocurrirá que tiene que buscar una 25 palabra para entrar en un segundo monedero.

...

Los bienes de valor y activos deben protegerse.
El secreto es "**prevenir**". Y para eso, necesitan saber cómo hacerlo.
Espero que ahora estén en grado de protegerse.

CAPÍTULO 13
Mantengo la promesa que les hice

Ahora que han llegado al final del libro, por fin puedo **cumplir la promesa** que les hice al principio: Les diré el secreto para **ser rentables a largo plazo**.

Este secreto es la "fórmula mágica" que resume la **secuencia** exacta de la **operatividad** que el trader debe seguir para operar en los mercados y ser rentable a **largo plazo**.

Es una checklist que debe realizarse con la secuencia exacta en la que se las propongo.

Hacer trading es una operación compleja y a veces incluso **saltarse un solo paso** puede resultar **fatal** para su buen éxito.

Incluso después de años, cuando hago trading, mantengo la checklist **siempre a la vista** y me aseguro de marcar las entradas ejecutadas una a una hasta el final. Con el tiempo he visto aumentar considerablemente mi porcentaje de éxitos.

Las entradas de la lista fueron transmitidas a mí por uno de mis mentores: John J. Murphy, autor de la biblia del trading: "Análisis técnico de los mercados financieros" a quien debo mucho sin haber tenido el honor de conocerlo personalmente.

Estos secretos están guardados en sus libros y hay que saber buscarlos porque están escondidos en sus páginas.

Aquí está **la lista**, en el orden exacto, de **lo que creo que el trader debe hacer para operar con éxito en los mercados y ser rentable a largo plazo.**

Checklist

1. Saber reconocer el trend
2. Identificar el trend y seguirlo
3. Encontrar los máximos y mínimos del trend
4. Saber reconocer las correcciones de precios
5. Trazar las trendlines
6. Suefuir los promedios móviles
7. Aprender a reconocer las inversiones
8. Aprender a reconocer señales de advertencia
9. Seguir o no seguir el trend
10. Aprender cuáles son las señales de confirmación

Realizando esta lista cuidadosamente punto por punto, cuando trabajo en los mercados financieros, tengo un indicador que me dice constantemente dónde estoy y lo que tengo que hacer para llevar a cabo con éxito mis operaciones.

Algunos puntos los hemos tratado aquí en este libro, otros por cuestiones de espacio y de crecimiento necesario en el tiempo del lector los trato en otro de mis libros de próxima publicación.

Si les interesa continuar a viajar conmigo haga una búsqueda por autor para ver si mientras tanto ya están disponibles.

Si disfrutó del viaje que hicimos juntos, le agradecería mucho que dejara un comentario en la plataforma donde compró el libro. Al final se encuentra el nombre del autor y de la editorial. No te cuesta nada pero para mi es un estímulo muy importante

Muchas gracias.

CONCLUSIÓN

Pero no quiero dejarlos ir así.

Para recompensar su lealtad, quiero darles dos regalos más.

1. **Bonus n. 1**

   Les revelaré mi orientación personal.

   Ya lo he incluido en el libro, pero se los vuelvo a proponer en caso de que no se le haya dado la atención que merece. Este es.

   *"El enfoque del trader común es centrarse en la **ganancia** de la operación. El mindset correcto del trader exitoso en su lugar hace lo contrario: cuando se va a abrir una posición, debe concentrarse en la **reducción del riesgo** y la **protección del capital**. La **ganancia** se convierte así en la **consecuencia natural** de esta actitud y no lo principal".*

2. **Bonus n. 2**

Puedo decir que en mi larga experiencia personal el trading y el ajedrez me han enseñado mucho acerca de las estrategias y el manejo de mis emociones.

Son caminos que ayudan a conocerse mejor. Si están en apuros pueden utilizar mi mantra para salir de situaciones difíciles de la vida. Les aseguro que siempre funciona para mí: ***"No te obstines en buscar la solución, si encuentras el equilibrio él será la solución".***

Y personalmente obtengo el equilibrio a través de la **meditación**.

...

Muchas gracias por haberme seguido hasta aquí.

Invertir en formación aumenta nuestro valor y es siempre la mejor opción.

Te doy mi palabra como aprendiz permanente.

Los dejo con esta frase de Albert Einstein que me es tan querida y con la lista de las reglas utilizadas en el libro:

"Cualquier tonto puede saber. El punto es entender".

Reglas utilizadas en el libro

1. No todo lo que brilla es oro
2. El blockchain revolucionará el mundo
3. Crear el mindset ganador
4. Infórmense sobre la empresa a la que confían tu dinero
5. Más vale prevenir que curar
6. Cuando aprenden a andar en bicicleta, saben hacerlo con todas las bicicletas
7. Nunca te dejes montar por las emociones
8. La verdadera pérdida se materializa cuando se vende
9. Buy deep, sell high
10. La estrategia indica la dirección
11. Poner a rendir las coins no utilizadas
12. Asegurar cuentas y dispositivos
13. Hacer regalos nos hace mejores

...

Les deseo riqueza y libertad.

Francis Flobert
Evolutpress Publisher

Printed in Great Britain
by Amazon